# 一读就上瘾的世界史

朝歌 编著

北方妇女儿童出版社
·长春·

**图书在版编目（CIP）数据**

一读就上瘾的世界史 / 朝歌编著. -- 长春 : 北方妇女儿童出版社, 2024.3

ISBN 978-7-5585-8389-6

Ⅰ. ①一… Ⅱ. ①朝… Ⅲ. ①世界史－通俗读物 Ⅳ. ①K109

中国国家版本馆CIP数据核字(2024)第060105号

**一读就上瘾的世界史**

YIDUJIUSHANGYINDESHIJIESHI

---

**出 版 人** 师晓晖
**策划编辑** 刘慧滢
**责任编辑** 张晓锋
**封面设计** 韩海静
**开　　本** 16开
**印　　张** 16
**字　　数** 182千
**版　　次** 2024年3月　第1版
**印　　次** 2024年3月　第1次印刷
**印　　刷** 三河市燕春印务有限公司
**出　　版** 北方妇女儿童出版社
**发　　行** 北方妇女儿童出版社
**地　　址** 长春市福祉大路5788号
**电　　话** 总编办：0431-81629600

---

**定　　价** 59.00元

# 前言

PREFACE

法国历史学家马克·布洛赫曾说："历史以人类的活动为特定的对象，它思接万载，视通万里，千姿百态，令人销魂，因此它比其他学科更能激发人们的想象力。"历史是国家和人类的传记，读史是可以使人打开通往诸多学科的门径。

世界历史浩如烟海、千头万绪，涉及政治、军事、文化、艺术等方面。常规认知中的世界史，通常指从古至今世界上发生的重大事件，这些大事件固然重要，但更像是一副骨架，一板一眼，缺乏趣味性。

换个角度看世界历史，你会发现许多"枝枝叶叶"可能闻所未闻。它们让世界历史不再"骨感"，而是变得鲜活生动、真实丰满。完整生动的世界历史，为我们展开波澜壮阔的历史画面，让我们变得更加睿智、理性。

当然，这些所谓的"枝枝叶叶"并非道听途说或坊间传闻，它们是真实存在的，只不过我们先前聚焦于重大的历史事件，而忽略了它们。如果说重大的历史事件是裔裔皇皇的花朵，盛开在历史的某个时间点上，那么这些小事件，则如一朵朵散淡的小花，将世界历史大舞台点缀得格外多彩。

本书以世界历史大事件为暗线，以小事件为明线，明暗两条线相互交织，以小见大，表现出大历史的辉煌与震撼。同时，注重从纷繁庞杂的历史信息中捕捉一个个精彩瞬间，提炼一件件趣闻轶事，以期提升读者对历史的兴趣，让读者一读就上瘾，欲罢不能。

例如，恺撒，一位赫赫有名的历史人物，他是杰出的军事统帅、政治家，曾率军打败高卢、战胜庞培，为罗马帝国的建立打下基础。如果直接展现他的一系列丰功伟绩，阅读时容易使读者产生心理距离，兴趣自然也大打折扣。那么，该如何展现有血有肉的恺撒呢？书中从“恺撒被刺 23 刀，到底是自杀还是他杀”这一角度切入，对恺撒之死进行种种剖析。这个论点是立足于对当时政治形势和恺撒处境及心理状态分析判断的基础上。这样描述伟人恺撒，有趣、有料，有信息，既能满足读者的猎奇心理，还能使读者对恺撒有多方位了解。

再如，莎士比亚，世界上大名鼎鼎的剧作家，一生写过《哈姆雷特》《罗密欧与朱丽叶》《威尼斯商人》等经典作品，然而有人却质疑他的身份。达·芬奇不仅是一位著名的画家，还在其他领域取得了辉煌成就，他是如何做到的？彼得大帝，俄罗斯帝国的缔造者，伟大的背后却是残忍和暴戾。凡此种种，本书以理性的方式进行解读，从而帮助读者进一步触摸历史真相。

本书体例设计独特，内容丰富。撰写过程中，根据实际情况，在一些片段的末尾添加了相关的知识点：以时间为轴，以文章内容为中心，对相关联的历史大事件及相关信息进行采集，并用简练的语言表达出来。这样做既可以节省读者的阅读时间，又能为读者增加知识储备提供便利。

本书写作风格轻松、自然、幽默，有很强的可读性。学史以明智，鉴往而知来，“学好历史知识，可以帮助自己从历史中获得宝贵的经验，从而在生活中武装自己。”基于此，本书以“有趣、好读”为创作宗旨，尽可能采用生动形象的方式讲述严谨的历史，让读者在轻松阅读的同时丰富自己的历史知识。

总而言之，这不是一本传统意义上的历史书，一定能让您产生浓厚的阅读兴趣，并提升自己的历史素养。

# 目录
CONTENTS

## 第一章 人类源流
### 波澜壮阔的生命历程



## 第二章 文明盛放
### 穿越千年时空，见证人类传奇



## 第三章 荣光绽放
### 王者之战成就不朽神话

## 第六章 探索发现 危险与机遇并存的大航海时代



## 第七章 狂野绽放 改变世界面貌的工业革命时代

## 第八章 邻居往事

### 20世纪前的俄罗斯、朝鲜与日本



## 第九章 世界大战

### 人类史上的惊天浩劫

# 第一章

## 人类源流
## 波澜壮阔的生命历程

## 探寻人类的原始家园

关于人类起源，世界各地流传着种种说法，东方的女娲造人说，西方的上帝造人说……基本都与神话有所联系。在古代，当人们遇到无法解释清楚的问题时，习惯性地把疑惑交给“神”。然而，随着人类自我认知的不断提高，“神”这层天花板终于被捅破。一个叫达尔文的人把脑袋探出被捅破的天花板，发现了一个惊天秘密，所谓的“人是神的产品”只是谎话。

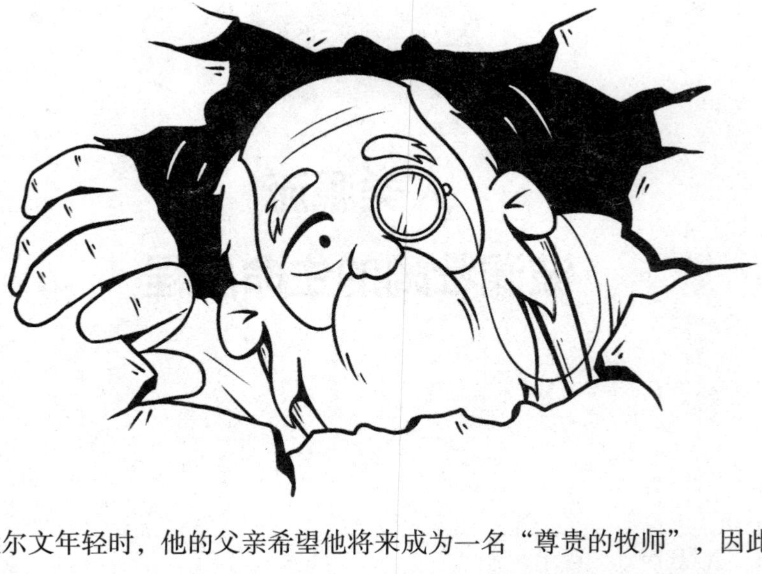

达尔文年轻时，他的父亲希望他将来成为一名“尊贵的牧师”，因此把他送入剑桥大学主修神学。但达尔文对神学毫无兴趣，对博物学却情有独钟。他的父亲极其失望，经常骂他不务正业。对此，达尔文并不在乎，终日沉迷于对动植物的研究中。通过环球考察和大量的研究实验，最终，达尔文发现生命是从低级向高级，从简单到复杂不断进化演变的，并提出了“生物进化论”。

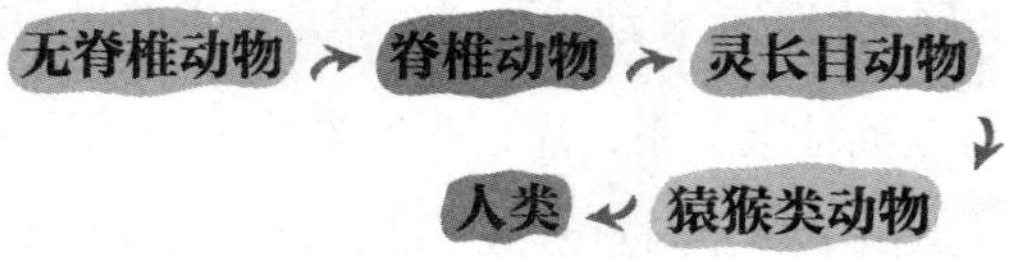


“生物进化论”在科学界轰动一时。当年父亲眼中“不务正业”的达尔文，凭借着这一研究成果实现了人生的华丽转身。

古人类学家根据进化论，开始在地球上的各个角落找寻人类演化的起点和演化的证据。他们跋山涉水，风餐露宿，却没有发现任何一处人类早期活动的遗迹。

20 世纪 50 年代，东非出土了大量距今 400 万—200 万年前的早期人类和猿类化石，这些发现给古人类学家带来了惊喜。古人类学家们进行了深入的挖掘，陆续发现了大量的古猿、南方古猿和直立人的化石。通过放射性同位素测定证明，东非发现的化石是地球上目前已知的最早的人类化石。古人类学家由此认为，东非有可能是人类最初的家园。

有人对此提出了疑问：

第一，达尔文的进化论对研究生命的起源与发展具有重要意义，但你们忽略了动物的迁徙行为，猿类能跑会跳，也会出现迁徙现象。在东非发现了古猿化石，只能代表早期人类在此生存过，不能说明人类一定起源于这里。

第二，古猿进化成人，需要外界的刺激，也就是受生活环境变化的影响，比如森林演化成草原，草原演化成沙漠，等等。根据现有的资料，东非这一区域，无法满足早期人类进化的条件。

第三，根据大陆漂移说，地球上所有大陆在中生代以前曾经是统一的巨大陆块，后来才发生分裂。今天的非洲大陆是从欧亚大陆板块分裂出来的。

在动物地理分布或区系划分上，非洲和亚洲大陆同属于“古北区”，人类最初的家园有可能在亚洲，后来迁徙到非洲。

三大质疑，如同三记重拳，动摇了“东非是人类的最初家园”的学说。

人类起源地与亚洲扯上关系，靠谱吗？早在1857年，美国有一位叫赖第的古生物学家，提出了“亚洲起源说”的观点，他认为人类最初的家园在中亚。

他的“亚洲起源说”并不孤独。1911年，一个叫马修的古生物学家也提出“亚洲高原是人类的摇篮”的学说，并列出了种种理由。当时这个观点的影响很大。于是，考古学家深入大漠戈壁、森林草原、高原搜集相关的遗迹资料。1927年，中国发现“北京猿人”之后，“中亚起源说”更是风靡一时。

除“中亚起源说”外，古生物学家海克尔将目光定格在南亚，他认为人类起源于南亚，然后向外迁移。海克尔通过研究发现，南亚长臂猿和褐猿与人类的关系要比非洲的大猿和黑猿与人类的关系更密切。换句话说，他认为南亚的这两种猿更容易进化成人类。

另外，在南亚的一些地区，古人类学家还找到了“能人”的化石和石器，利用技术手段对其进行分析得出，这些化石与东非出现的人类化石在年代上基本一致，但有些化石的年代要早于东非的人类化石。不仅如此，在南亚还发现了比东非更早的直立人的遗骸和遗物。种种证据表明，东亚及东南亚生活的猿类，要早于东非和其他地方生活的猿类。因此，一些古人类学家根据世界上腊玛古猿、南方古猿和更新世早期人类遗迹发现的地点与分布的情况，推测出人类的原始家园极有可能就在南亚。

人类最早的发源地到底是非洲还是亚洲，中亚还是南亚，或者其他地方？目前，人类的相关研究仅仅是一个开始，将来会有更多的研究学者到世界各地进行深入考察。到那时，也许会有更多新的发现。

## 远古人类的生存状态

万物生长都有其规律，人类也不例外。这些规律就像一本保存在“时光机”中的百科全书，引领着我们穿越时空，探索人类的历史。

为了探寻过去，人们经常会挖掘地下的物品。因为人们相信，地下埋藏着的人类文明遗物，能够告诉我们那个时代的秘密。当我们从地下挖出石头做成的弓箭、矛和斧头时，你应该想到，当时的人类已经有能力制作这些东西，并且通过这些工具，可以推测出当时人类的生活方式、习俗等。

除了石头用具以外，还有埋在地下的人类骨骼，对于考古学家而言，远古人类骸骨是帮助他们探索远古人类历史的绝佳帮手。在东非，一些考古学家曾挖掘出一些远古人类骸骨。通过深入研究，考古学家发现，这些骨头的主人是生活在100多万年前的古人类。

如果我们回到骨头主人生活的那个年代，会发现他们的生活方式和我们极其相似，每天就是吃饭、劳动、玩耍和睡觉等，但也有件事与我们不一样，那就是打猎。

在打猎过程中，远古人类会利用各种工具和技巧，例如挖陷阱来捕捉猎物。他们会在陷阱上放置一些树枝和草进行掩盖。如果他们发现一只鹿出现在陷阱周围，大家便会聚在一起商量，然后分成几路悄悄靠近它。突然，其中一人大声喊叫，鹿就会被吓得拔腿就跑，一不小心掉入陷阱。可怜的鹿，就成了远古人类餐桌上的美食。

在那个时期，能捕捉到猎物，是件天大的喜事，因为远古人类生活在艰苦的岁月里，猎人需要有很大的勇气，付出很多努力，才能有所收获。

在没有捕到猎物的日子里，人们一日三餐通常只能吃一些野果——另一种重要的食物，直到勇敢的猎人，冒着生命危险猎捕到野兽，他们才能再次品尝到美味的肉食。

为了确保有足够的食物，人们开始分工，男子外出打猎，母亲则带着孩子到野外采集野果和植物的种子。此外，他们还会爬到树上去掏鸟蛋。鸟蛋也是当时人们的重要食物之一。

当人们结束了一天的工作，带着收获的成果回来后，他们开始制作美食。但是由于他们还不懂使用火，没有叉子和汤匙，也没有壶和锅，所以所有食物都只能用手抓着生吃……

当时人类的生活是极其艰苦的，要经常与野兽争斗，而一旦被野兽捉住，猎人与猎物的关系便反转了。而且，当时人类还没有掌握如何建造房屋，只能像野兽一样居住在山洞里。由此，考古学家将他们称为穴居人。

穴居人住的山洞非常原始，十分阴冷，没有家具等，并且几乎没有任何装饰。同时，穴居人不像野兽有着厚实的皮下脂肪和保暖的体毛，可以防寒，他们也不懂得织布做出保暖的衣服，更不会生火取暖。因此在早期，他们只能裸露身体，通过挤成一团的方式，相互取暖。

后来，穴居人无意中发现兽皮竟然可以御寒，于是开始搜集兽皮，并把它们裹在身上保暖。这就最原始的衣服，同时也是最天然的皮草。此外，当穴居人睡觉的时候，蝙蝠可能会在其头顶上盘旋，蜘蛛也可能会爬到身上，使得他们难以睡好。蝙蝠和蜘蛛虽然遭人讨厌，但不可怕，最可怕的是猛兽可能随时堵在洞口，甚至冲进洞穴。吃不饱、穿不暖、睡不好，再遇到野兽堵住洞穴的出口，接下来发生的事情，只能是凶多吉少。

穴居人生活在恶劣的条件下，健康状况也非常差。他们没有医院，没有医生，也没有用于治疗疾病的药物，一旦生病就很难康复。因此他们的寿命都很短，如果一个人能活到 60 岁，那简直就是个奇迹。

穴居人会用石头制作一些简单的工具，如石斧、石簇等，没有美丽的银餐具、威武的铠甲。因此，这个时代被称为石器时代。当然，穴居人也没有牙膏、牙刷以及剃须刀等清洁用具，不需要理发、刮胡子，更不需要刷牙。

这不是因为他们懒得去做，而是当时他们根本没有这样的想法和条件。

石器时代的人们，可以用石头制作简单的矛、箭、刀，而其他动物，就连聪明的大猩猩也达不到这种动手动脑的能力。所以，制造工具，是人类与动物的主要区别之一。

## 尼安德特人为何神秘消失

距今 35 万—3 万年前，有一批早期智人生活在德国的尼安德特谷地。古人类学家根据发现地，把他们命名为“尼安德特人”。

尼安德特人相当聪明，他们开始思考如何提高生活质量，比如不再风餐露宿，躲避野兽的袭击。

一天，一个尼安德特人无意间走入一个洞穴，发现里面冬暖夏凉，非常舒适，于是他就把洞穴当成了安身之所。这样的好事，一定要与其他兄弟姐妹分享，他就把自己在洞穴里的体验分享给了其他人。一时间，洞穴成了抢手货，大家纷纷住入洞穴。容量大的洞穴，住的人就多；容量小的洞穴，住的人就少。

不过，洞穴是有限的，还是有人没能住上洞穴，他们内心虽然有些羡慕嫉妒，但没有因此意志消沉，反而以乐观的心态在地上搭建起遮蔽物，比如草棚，并在里面居住。此后，洞穴和自建的遮蔽物成为人类最原始的家。

古人类学家发现，尼安德特人的洞穴或家，并非想在哪里就在哪里，而是广泛分布在动物迁徙的路线附近，从而保障获得稳定的食物来源，能够捕捉到猎物。

从出土的颅骨进行科学推测，尼安德特人长相与猿相似，体格健壮，四肢发达，但他们的脑容量直接把猿甩出数条街，有的甚至比现代人的脑容量还大一些。

有了家和较为稳定的食物来源，脑容量还这么大，尼安德特人一方面发明出了更多石制工具，如一种薄而锋利的用于切割的石器，可以用于切割食物。另一方面，尼安德特人深知，要获得更多食物，尤其是大型猎物，仅凭一个人的力量是远远不够的。从尼安德特人遗址提供的信息来看，他们已经掌握了团队合作的技巧，会通过相互配合的形式组织大规模的狩猎活动。更可贵的是，当族群中的人死后，他们会用埋葬的方式处理逝者遗体。

可是，正当尼安德特人的日子过得有滋有味之时，在距今约 3 万年前，他们突然消失了，这让古人类学家百思不得其解。

他们去了哪里？难道是被外星人全部转移到其他星球上了？考古界众说纷纭。有人认为，都是头大惹的祸。尼安德特人在进化过程中，头骨变得越来越大，婴儿就无法顺利地通过产道从母亲的体内分娩，出生率赶不上死亡的速度，人数一代比一代少，最终绝迹了。

认为尼安德特完全灭绝了的人还提出了一些依据。当时的尼安德特人保守闭塞，不愿意与外界接触，为了保持血统的纯正，他们实行族群内部通婚。正是这个亲上加亲的决定，直接为尼安德特人灭绝埋下了祸根。

我们都知道，近亲不宜结婚，因为近亲通婚会直接影响后代的生命质量。认为尼安德特人已经灭绝的专家、学者还提出，尼安德特人的眉嵴凸起，额叶向内收缩，是退化的显著特征。随着族群内部通婚的逐渐发展，尼安德特人的基因越来越单一，导致后代一代不如一代，行动缓慢，走路踉踉跄跄。在与外界斗争的过程中，他们处于劣势，最终数量减少直至绝迹。

菲利普·利伯曼和耶鲁大学医学院的解剖学家埃德蒙·克里林根据尼安德特人的头骨及声道的特点，用计算机对尼安德特人的发音进行模拟，结果发现他们仅有单声道共鸣系统，这就意味着他们的语音发音范围可能比现代人更加有限，很难发出洪亮的声音和唱出动听的歌谣。由于尼安德特人发音能力低下，他们在交流上受到了很严重的阻碍，甚至与哑巴没什么区别，即便他们掌握了一套手语，也远不如直接用声音交流便利有效。于是，他们在生存竞争中很难适应环境的变化，最终在丛林法则中被无情淘汰。

当然，也有一些人不相信尼安德特人已经绝迹，认为尼安德特人的后裔可能生活在一些偏远的山区或与世隔绝的地方。

反对者之所以这样认为，也有一定依据。首先，据传，20 世纪 50 年代苏联科学院曾在西伯利亚东北部寒冷偏僻的区域内发现一群野人，相关人员把这群野人称为“丘丘拉”。这些野人说话时的音域非常狭窄，造成这种现象有两种可能：一是遗传突变的结果；二是他们的特征与尼安德特人比较相像，很可能是尼安德特人的后裔。其次是一些例证。比如 20 世纪初，一位在俄国革命期间驻防在帕米尔山脉的军官对外宣称，他手下的士兵曾追击过一个生物，并将之射杀。这位军官对该生物进行过详细的描述，他说："前额倾斜……眉毛粗浓……鼻子极为扁平……下颌阔大突出……身材中等。"这些特征，与尼安德特人颇为吻合。发现的野人是不是尼安德特人还需要证实，如果能验明正身，就说明尼安德特人没有绝迹。

以上两种观点对立鲜明，第三方站出来想要进行调解，他们采取中庸方式，既不认可尼安德特人还存在，也不肯定尼安德特人绝迹。在他们看来，尼安德特人在演化过程中，与其他人种进行接触，并逐渐被其他人种同化了。持这一观点的人认为，尼安德特人生存地域广大，可以说地跨亚非欧三大洲，种群规模也较大。当智人在地球迅速扩张时，尼安德特人作为智人的一个分支，数量与智人总量相比不值一提，他们完全被淹没在智人种群中，与其他智人种群通婚，生出"尼二代""尼三代"……随着时间的推移，他们的基因不断改变，逐渐失去了尼安德特人祖先的独有特征和模样。

生存还是死亡，这是个问题。尼安德特人到底去了哪里，目前考古界还没有发现任何有力的证据，但真相早晚会有一天水落石出。

## 现代智人到底是谁的后裔

距今 4 万—1 万年前，那时的人类外貌与现在的我们没太大的差别，但我们的智力要远远高于他们，衣食住行等方面也比他们优越无数倍，当我们用手机刷着各种信息时，他们可能在草丛中玩着捉蚂蚱的游戏，古人类学家将他们称为“现代智人”。

现代智人有哪些标志？怎样进化而来？起源于哪个种群？一系列问题，如同给古人类学家设下一道道智力闯关游戏，等待他们去挑战。

这里，有个小知识需要科普一下。智人分早期智人和晚期智人。晚期智人即现代智人，能够完全直立行走，脑容量进一步增大，平均约为1400毫升。这两个基本指标，表明人类漫长的进化过程已经达到了最后完成阶段。

对于现代智人的起源，目前存在两种假说。一种认为，现代智人起源于直立人，这种假说被广泛接受，也被称为“多地区进化假说”，就是说直立人在多个地区发展成为现代智人。当“多地区进化假说”被广泛接受时，一些人提出了“非洲起源说”，认为现代智人的祖先起源于10万年前非洲的某个地区，这些古人在进化过程可能发生基因突变，或者由于其他原因，导致整个种群发生变化，他们不再一辈子守在一个地方，并逐渐走出了非洲。这期间，他们到达哪里，就在哪里定居和繁衍后代，并逐渐取代当地的直立人和早期智人，最终发展成现代智人。

持“非洲起源说”的古人类学家的主要依据是，早期智人的化石与现代智人化石在解剖学上呈现出一定的连续性变化。不仅如此，这些早期智人与现代智人在遗传上也关系密切，这得到了现代分子遗传学的支持。“多地区进化假说”与“非洲起源说”两种观点，都有其优缺点和局限性，因此目前学术界对于这两种观点的讨论还在继续，没有一方占据绝对优势。

证据是最有说服力的。“非洲起源说”支持者拿出了大量的证据来支持其观点。

古人类学家曾在埃塞俄比亚东北部地区发现三个头骨化石，它们是现在已知年代最早、保存最完整的“现代人类直系祖先”化石。这三个头骨化石，一个是儿童头骨，另一个是残缺的成年人头骨，第三个是保存基本完整的成年男子头骨。三个头骨都有一个明显的特征：前额明显，面部扁平。这与早期人类向前凸出的头骨，已经大不相同。

1868 年，在法国南部的克罗马农岩洞中，发现了几具骨骼化石和一批石器，其中一人死时约 50 岁，被称为“克罗马农老人”。克罗马农人脸部宽阔，鼻梁很高，下颌外露，牙齿平整，脑容量平均为 1660 毫升。克罗马农人特点和现代欧洲人相似，只是略微矮一些。克罗马农人距今约 3 万—1.5 万年，是典型的现代智人。但是，在此之后陆续在非洲发现的化石，最早的年代距今 13 万—12 万年，最晚的是距今约 6 万年的克莱西斯河口人。而克罗马农人出现时，欧洲还是尼安德特人的天下。

此外，还有一个问题不可忽视，非洲发现的一些人类化石，其形态接近于现代智人，但并非典型的现代智人。

对此“多地区进化假说”也拿出了依据。现代智人究竟是不是由直立人进化而来的？直立人发展到现代智人的过程中，有一个关键阶段，这个关键阶段的主角就是尼安德特人。生物解剖学研究表明，尼安德特人的头骨有许多原始的近似猿的结构，这说明尼安德特人是直立人向现代智人过渡的一个中间环节。不过也有学者认为，现代智人的祖先比尼安德特人更早，尼安德特人不是现代智人的祖先，他们与现代智人的祖先呈平行发展的状态。

如此一来，现代智人是否由直立人进化而来，尼安德特人是否现代智人的祖先，依然悬而未决。

## 从敬畏到应用，人类开始与火共舞

火是一种迷人而又可怕的能量。在魔法世界中，火被视为最神秘的元素之一。当魔法棒释放出火焰时，可以把一切点亮，甚至可以把一切烧成灰烬。即便是在现实世界中，如果你试图用手去接触火，肯定会感到痛苦。

火像一个神秘的精灵，一开始人们并不了解它的脾气和性格，因此不知道如何利用火来做饭、照明或取暖。这导致一些人因生吃动物的肉而生病，甚至死亡。由于缺乏对火的了解，人们还曾对火产生一个美丽的误会，认为火是上天降下来的灾祸，可以将一切化为灰烬。这种观念使人们对火持谨慎态度。

可喜的是，人们后来从害怕火到渐渐了解了火，掌握了它的特性，知道利用它可以把食物煮熟，还可以用它来取暖。人们也逐渐喜欢上了火，与它亲近起来。

每当雷电从空中落下来，击中树并使树燃起火时，人们便想办法把火种收集、保存。火真是帮了人们大忙，但总等着雷电把火精灵带来，太不可靠。因为雷电的脾气很难琢磨，当人们需要火时它可能偏偏不带着火精灵来。有什么办法，能够随时随地就能请到火精灵呢？大家集思广益，想了一天又一天，也没想出好办法来。一天，有个人突发奇想，说："快速摩擦双手，可以使手发热发烫。如果我们快速摩擦两根棍子，使它们发热变烫，说不定就能把火精灵请出来。"

想法不错，那就试试吧。于是人们找来一些木头，并用一根小木头在一块硬木上使劲儿地钻，但火总是没有出现。问题到底出在哪里呢？难道这种方法行不通吗？大家非常疑惑，不过谁也没有放弃。

渐渐地，人们发现，想请出火精灵，先要用干燥、木质疏松的木头如杨树、柳树做底，然后再将木质较硬的木头做成钻头形状。而后，先在杨树或柳树上用石刀挖成一个"V"形的小槽，并在槽底和边缘铺放一些容易点燃的火绒或枯树叶，接着用双手夹着事先做好的木钻头用力转动。随着钻头和小槽的摩擦力增大，温度逐渐增高，一缕烟飘然而出，然后烟雾越来越浓，一些小火星会羞涩地迸出来，落在火绒或者枯树叶上，很快火星便变成火苗，跳起欢快的舞蹈。

人们围着火，跳起欢快的舞蹈，庆祝这个神圣而庄严的时刻。在那个没有电和燃气的时代，火对人们来说意义重大。即便是现在，火对我们来说也是如此。如果没有火，我们今天就无法品尝到热腾腾的饭菜，也无法在寒冬里享受温暖。可以说，火的使用是人类最伟大的发明之一。

有了火以后，人们开始用火加热食物。一天，一个住在山洞里的原始人正在生火做饭。他在火的四周摆放了一些石头，将火牢牢地围在其中。谁也没想到，这个不经意的举动，竟然成为非常重要的发现之一。

围在火周围的石头安静地躺在地上，石头附近一些亮闪闪的小珠子，吸引了原始人的注意。他非常惊讶地捡起这些珠子，仔细端详。这些小珠子真是漂亮，就像落在地上的星星。他高兴地将这些闪亮的珠子都捡起来，捆扎成串并戴在脖子上。从此，原始人的生活中出现了装饰品。

也许有人会问，这些珠子是什么材质的呢？其实，那个原始人当时用来围火的石头，并不是普通的石头，而是铜矿石。

铜矿石就像一个小仓库，里面含有丰富的铜。当铜矿石遇到火时，仓库内的铜会被逐渐加热成液体，然后从矿石孔洞中流出来，这些液体与空气接触后冷却凝固，就变成了亮晶晶的小珠子。

最初，人类只是用铜来做装饰品，后来，人们逐渐发现铜可以锻造和打磨成锋利的工具，比如刀刃和箭头，这些工具对狩猎非常有帮助。因此，铜这一主要材料随后就被用来制造工具了。但是，铜太软，铜制工具经常使用容易变形。后来，原始人在制造铜器的过程中，逐渐为铜找到一个搭档，它就是锡。有了锡这个伙伴，铜就变得更加坚韧，不再像原来那样容易变形。

铜和锡混合后熔铸会形成一种新的合金，称为“青铜”。随后，人们使用青铜制造了许多工具和日常用品，如猎刀、箭、餐具等。青铜逐渐应用到生活中的许多领域,大大提高了人们的效率。因此,这一时期称为“青铜时代”。

但是，铜和锡不易获取，于是一个新的“国王”出现了，那就是铁。铁不仅是一种普遍存在的金属，更容易获得，而且更好锤炼，比青铜更为坚硬，铁制刀、箭、矛等器物也比青铜制的更加实用。最终，铁代替了青铜的地位，逐渐得到了广泛应用。这一时期被称为“铁器时代”。

## 远古人类最喜欢在哪里定居

远古时期的人类，与现在相比十分落后，他们没有广播、电视、网络，也没有绿皮火车，更别说高铁了。缺乏长途交通工具，成为他们了解外部世界的一大障碍。他们生活在一个相对固定的区域里，可能直到生命结束也没能走出目力所及的那座大山。原始人类不知道远方是否还有其他的人，不知道山那边的人是否与自己长得一样，不知道生活在海边的人平时都吃什么……总之，他们对外面的世界几乎一无所知。

由于条件限制，起初人们不喜欢长途迁徙。后来，由于环境所迫以及其他原因，人们不得不像动物一样，离开贫瘠的故地，迁徙到富饶的地方去。

有时，某个地区会迁徙来新的族群，如果没人在这里生存那还好说，要是已有人在这儿生存，双方则很可能发生争执，爆发冲突，上演驱逐与被驱逐的悲喜剧。当然，双方也有可能放下争执进行协商和妥协，划分出各自的领地并进行管理和维护。当新族群与原领地的族群相处得非常友好时，他们取长补短，协同发展，比如交流如何更好地耕种庄稼，如何让我们的牲口长得像你们的牲口一样膘肥体壮。此外，双方还会交换物品。例如，当一个族群擅长手工制作却缺少粮食，另一个族群有多余的粮食但缺少装东西的罐子时，他们通常会拿出各自富余的物品与对方交换。这样一来，两全其美，各有所得。

那么，原始人类通常选择在哪里定居生活呢？

远古时期，可供人类长期定居的地方很少。河流沿岸通常是人们定居的首选区域。

我们先把目光投向西亚地区，那里有一片像一弯新月、美丽而富饶的土地。这片沃土的东部有两条河，分别叫幼发拉底河和底格里斯河，这两条河流经一片名为“美索不达米亚平原”的地区，最终注入波斯湾。

这两条河流现在毫不起眼，但它们曾经是古老文明的发源地之一。美索不达米亚平原曾居住着许多古老的民族，如苏美尔人、阿卡德人、希伯来人和腓尼基人等，他们曾在历史上建立过国家，如乌尔第三王朝、阿卡德王国、以色列－犹太王国、腓尼基等。幼发拉底河和底格里斯河像母亲一样哺育了人类文明，现在人们把这片区域的文明称为“两河文明”。

我们顺着亚洲西部的群山，把目光转向非洲。在非洲东北角，有一片神奇的土地，有一条河流经其间，这条河名叫尼罗河。尼罗河是非洲最大的河流之一。在尼罗河的滋养下，这片土地上诞生了古埃及文明。狮身人面像、金字塔、象形文字等我们耳熟能详的文明奇迹都出自古埃及。

尼罗河沿岸除了埃及人外，还有一个部落——尼罗－撒哈拉族。这个部落的居住地距离撒哈拉沙漠很近，因此得名。努比亚人是尼罗－撒哈拉族的成员。他们曾经沿着尼罗河峡谷向北迁移，来到埃及人生活的地区，而埃及人也会向南迁移，进入努比亚人生活的地区。

也许大自然特别钟爱埃及，不但给了它尼罗河，还送来一片海。埃及旁边有一片被大陆包围的海，这片“陆地中的海洋”便是地中海。早在石器时代，地中海还是一片盆地。那时这里没有西西里岛的美丽风光，没有爱琴海的神秘传说，人们居住在这里，与自然斗智斗勇。

底格里斯河、幼发拉底河以及尼罗河的富饶与美丽，吸引着许多部落来此定居。为了拥有更广阔的土地，不同部落之间进行了一场又一场战争。赢得战争的部落，则拥有更广阔的土地；失败者只能离开，去其他地方开辟新的家园。

哪些部落曾经在这些区域生活过呢？我们前面提到，苏美尔人、阿卡德人、希伯来人、腓尼基人都曾在两河流域定居，而在今天的地中海附近，居住的是闪米特人，他们的后裔包括阿拉伯人和犹太人。

有一个部族不得不提，它就是雅利安人。雅利安人最初叫乌拉尔－阿尔泰人，起源于俄罗斯乌拉尔山脉南部的欧亚大草原。历史学家经研究认为，乌拉尔－阿尔泰人的祖先在10多万年前从北极地区南迁到欧亚大草原，并在发展过程中形成几个支系，不断向各个方向发展。一些乌拉尔－阿尔泰人从印度西北的山口入侵，征服了创造印度河流域文明的原始居民达罗毗荼人后，把自己的族名改为了“雅利安”，意思是“高贵”或“纯洁”。雅利安人非常好战，他们四处抢占地盘，今天许多的欧洲人、伊朗人和印度人的血液里，都流淌着雅利安人的血。

# 第二章

## 文明盛放

## 穿越千年时空，见证人类传奇

## 探秘大西国：遗失在海底的古老文明

说到世界上最古老、文明程度最高的国家，我们就会想到四大文明古国，即古埃及、古巴比伦、古印度和古中国。古希腊有个哲学家，叫柏拉图，这位脑子里充满智慧的人，在《克里特阿斯》和《提迈奥斯》等书中谈到，世界上最古老的文明是大西国。

话说距今 1 万多年前，在直布罗陀海峡的对面，有一块叫“亚特兰蒂斯”的大陆，整块大陆就是一个国家，叫大西国。大西国的国土面积非常大，比现在非洲和欧洲的总和还要大。大西国里的人，全部信仰太阳神，全国随处可见供奉太阳神的庙宇。

大西国绝对是人类生存的理想之地，比传说中的昆仑仙境还要迷人。那里不仅有漫长的海岸线、秀丽高耸的山峦、辽阔的平原，而且一年四季气候宜人。百姓或耕种土地，或开采金银矿产，或饲养家畜，或放养蜜蜂，或从香料中提炼香水。一座座城市都建设得干净漂亮，造船厂、赛马场、兵营、体育馆和公园等种种配套设施一应俱全。按照现在的评判标准，大西国的城市都评得上五星城市。首都波塞多尼亚更是众星捧月般坐落在国家中央，修建有双层环状陆地和三层环状运河，并且环状陆地上有冷泉和温泉，供人们洗浴。

正当生活在这个国家的人们每天露出花儿般的笑脸，自由享受生活时，他们不会想到厄运已经降临，他们的国家会突然从海平面上消失得干干净净。

根据科学推测，大西国的消失，地壳运动是罪魁祸首。柏拉图则认为，是贪婪与野心毁灭了大西国。

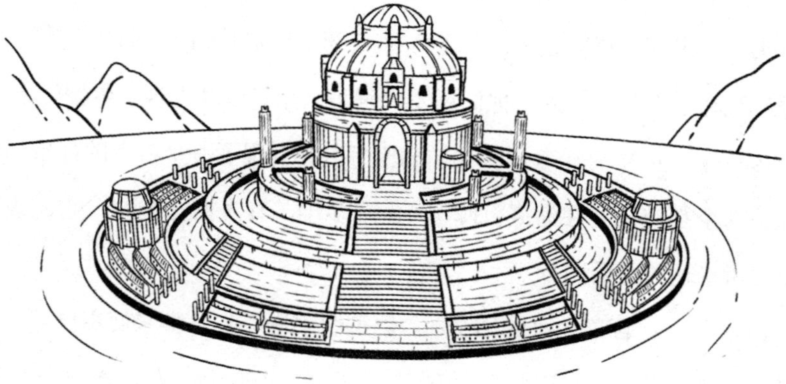

大西国的创建者叫波塞冬，他有 10 个儿子，分别掌管着全国不同的地方，长子阿特拉斯被立为国王的接班人。

老国王波塞冬死后，阿特拉斯成为新的国王。新国王年富力强，想干出一番事业。他向埃及、希腊和地中海沿岸的其他民族发动战争。一次，对雅典的作战中，雅典人殊死抵抗，把来势汹汹的大西国的军队击退了。俗话说福无双至，祸不单行，在大西国还没来得及从战败的阴影中走出来时，一场突如其来的大地震爆发了，大西国在一天一夜之间就被滔天洪水完全吞噬。

柏拉图认为，大西国应该沉没在 1.15 万年前。为了增加大西国存在的可信度，柏拉图还着重强调，这个故事是历代口口相传而来的，绝对不是他为增加著作的卖点而虚构的。

柏拉图的记载，使人们产生了极大的兴趣。大西国是否存在，成了一些人热议的话题。

1967 年，一架美国飞机在百慕大海域的巴哈马群岛一带低空飞行。当时天蓝水碧，飞行员无意间发现比米尼岛水面以下，有一个巨大的长方形物体。

随机人员按下相机快门，马上拍摄下来。1968 年，这位飞行员和同事又驾驶飞机来到比米尼岛的上空，这次他们获得了更大的发现。在比米尼岛水面以下，可以清晰地看到巨大的石头建筑群：石砌的街道，采用长方形或多边形的石头排列出各种图案花样，一座高近 42 米、每边长约 54 米的平顶金字塔，静静地沉睡在水中。另外，他们还发现码头、港口以及大理石雕像等遗迹。

1968 年，一个海洋考古队在加勒比海域，发现了一个古老的都市。根据考证，这个都市已经在海底沉睡了 1.1 万多年。有人据此推测，它应该就是柏拉图所描述的大西国。

1978 年，在百慕大海域又发现“巨型金字塔”。科学家使用仪器，对金字塔进行测量得出，金字塔高约 200 米，每边长约 300 米，距离水面约 100 米，建造年代比埃及的金字塔要早约 7000 年。

1989 年，两名来自挪威的潜水员在百慕大的一个水底平原上，发现一座古城。两人用水下摄像机拍摄了许多照片，通过这些照片，可以清晰地看到许多纵横交错的道路，一座座圆顶形建筑物排列在道路的两旁，还有保存相当完好的竞技场和长方形建筑物。

令人遗憾的是，上述种种发现与柏拉图所描述的大西国的位置对不上。大西国究竟在哪里？柏拉图的记载是否出现偏差？我们无从知晓，但可以肯定的是，一个文明的诞生与灭亡，存在着无数种方式，无论以哪种方式结尾，最终都会成为历史。或许某一天，大西国会从海底升起，向我们展现它曾经的辉煌。这种假设并非异想天开，因为在地壳运动的作用下，一切都有可能发生。

# 令人叹为观止的胡夫金字塔

古埃及的金字塔是法老为自己修建的陵墓。这种陵墓从下到上，一层比一层小，外形像塔，与汉字“金”相像，于是我们给它取了一个好听的中文名字，叫“金字塔”。

事实上，古埃及最早的墓葬非常简单，人死后就在沙地上挖一个坑，把遗体简单包裹一下埋入坑内，上面堆一个沙堆。然而，沙子不像泥土那样具有黏性，如若大风来袭，沙堆一旦被风吹走，生者就难以辨别出亲人葬在哪里。如何解决这个问题呢？劳动者的智慧是无穷的，他们在沙堆周围摆放一些乱石，既能防风固沙，也能起到标识的作用。

这种简单的墓葬方式，经济实惠，在穷人圈子中大受欢迎。贵族则不认可这种墓葬方式，选择在沙地下建造墓室，在地面上建造长方梯形的“马斯塔巴”。如此一来，穷人与贵族的埋葬方式就区分开了。贵族建造的“马斯塔巴”，也就是金字塔的雏形。

古埃及进入古王国时期第三王朝后，法老的权力大大加强，他们认为“马斯塔巴”跟自己的身份很不相称，无法体现王权的尊贵与威严。第三王朝的第一个法老叫杰赛尔。传说，他对自己死后的安睡场所很是纠结。一天，杰赛尔把伊姆荷太普找来，命令他为自己设计一座陵墓。伊姆荷太普多才多艺，接到任务后，先设计了一个巨大的石制“马斯塔巴”，这样体量虽上去了，但不够雄伟庄严。他灵机一动，又在上面加了五个一层比一层小的“马斯塔巴”。当伊姆荷太普把图纸摆在杰赛尔面前时，杰赛尔顿时两眼放光，当即拍板按图纸建造陵墓。就这样，埃及出现了第一座金字塔。此后，法老们都效仿杰赛尔建造金字塔。他们建造金字塔的目的，是想依靠这个“永久的宫殿”来维持“永久的统治”，并想借助金字塔的雄伟气象，使人们对法老的专制统治心生敬畏，不敢反抗。

迄今为止发现的众多金字塔中，最大的是开罗郊区吉萨的三座金字塔，其中最为著名的是胡夫金字塔。

胡夫金字塔建于公元前2600年左右。胡夫金字塔原高146.5米，由于风化等其他原因，现高136.5米；底座每边长约230米，三角面斜度52°，塔底面积5.3万平方米；整个塔身由230万块石材砌成，每块平均重2.5吨左右，最重的达几十吨。专家估计，如果把这些石头凿碎，铺成一条一尺宽的道路，大约可以绕地球赤道一周。

如此浩大的工程，在当时没有任何现代机械的帮助下是如何完成的呢？

1978年3月，日本早稻田大学的古埃及调查室组织了一支考古实验队。他们根据古希腊历史学家希罗多德的记载，模拟古代埃及人的造塔方法，在古塔的旁边建造了一座新塔，其规模相当于原塔的四分之一。

希罗多德曾记载，建造胡夫金字塔的石头是从“阿拉伯山”（可能是现在的西奈半岛）开采出来的，修饰其表面的石灰石则是从尼罗河东岸的图拉采石场运来的。

实验队兢兢业业，不敢有丝毫的懈怠。他们进入采石场，先在石面上凿出连成点线的小孔，然后打进楔子，通过不断敲击，直至石块产生裂缝。随着裂缝越来越大，整块的石料就从巨大的石面上剥离了下来。至今，在阿斯旺采石场还可以找到残留有楔子痕迹而未切割下来的石料。

石料开采下来，实验队模拟古埃及人，以木橇载着石块，用人和牲畜牵引，慢慢将石块运到工地上。他们推测，为了采集建造胡夫金字塔所需要的石料，古埃及人修建了一条宽阔而平坦的道路，从采石场直达塔前，并且仅修建这条路和金字塔的地下墓室需要耗时 10 年。

最后，把场地四周天然的沙土堆成斜面，再把巨石沿着斜面拉上金字塔。堆一层坡，砌一层石，就这样逐渐加高金字塔。实验证实了古埃及人在没有现代化起重设备的条件下，仍然可以把一块块巨石砌上去，直至墓室最上面一层的三角形尖顶。

模拟实验似乎很有说服力，但仿造的金字塔仅是真实金字塔的四分之一，并且采石、运石的困难程度，古今不可同日而语，所以有科学家对古埃及人建造金字塔时，远赴“阿拉伯山”采石提出了疑问。

有的科学家语出惊人，说金字塔的巨石根本不是天然形成的，而是人工浇筑而成。首先提出这一观点的是法国的戴维·杜维斯，此人精通化学。为了证明自己的观点，他把从金字塔身上取下的一些小石块带回实验室，通过化学的方式，对样本进行分析。化学反应就像照妖镜一下子让巨石现出原形，原来石块的主要成分是贝壳和石灰矿物质。更为有趣的是，他还在石块中发现了一绺头发。此外，建造斜坡将巨石从低处推向高处的做法，也遭到很多人的质疑，因为要建造这个与塔顶齐高的长斜坡，工程量不亚于修建金字塔，何况金字塔修好后还要拆除斜坡。

金字塔的神奇，一直牵动着相关人员的心，他们一直在为解释金字塔如何修建做着各种努力。20世纪90年代，科学家曾利用计算机技术对金字塔进行分析。他们不仅输入了几何学、光学、建筑学、力学等所需要的大量数据，为了提高成功概率，还输入了一些与之相关的数据。然而最终，计算机屏幕上却始终显示着一个词“Impossible”（不可能的），并告诉科学家输进的资料仍不够，无法完成金字塔的模拟建造。

另外，据科学家估算，以当时的条件，若用纯人力的方法，两万人同时施工，连同开采、策划、监工及建造等，要想把石块放到准确的位置，每天只能放10块左右。这样的话，建造一座金字塔需要600年，而据希罗多德的记载，建造胡夫金字塔，古埃及人只花了20年。

难道胡夫真的强迫百万埃及人不停地工作了20年吗？如果所有的人都在为建造金字塔这一件事而劳动，整个国家岂不是瘫痪了吗？众多工人的衣食又从哪里来呢？由此看来，除非有神奇的外来力量从中帮助，否则，埃及人想要完成这样庞大的工程，只能是痴人说梦。

随着科技的进步，有人将金字塔的建造与外星人联系起来。“外星人建造说”尽管玄而又玄，不过很容易被接受，主要原因在于，它极大地满足了人们的好奇心。

关于金字塔还存在很多稀奇古怪的事情，越来越多的科学家投身于对金字塔的研究之中。真正搞清楚金字塔的来龙去脉，将是人类科学史上的一大进步。

## 古埃及文明演变历程

**一、上下埃及时期**

下埃及

法尤姆文化A期（约公元前5450年—前4400年）
美利得时期（约公元前5000年—前4100年）
欧迈尔时期（约公元前4600年—前4350年）
马阿迪时期（约公元前4000年—前3200年）

上埃及

塔萨·巴达里时期（约公元前4400年—前4000年）
涅伽达Ⅰ期（约公元前4000年—前3500年）
涅伽达Ⅱ期（约公元前3500年—前3200年）
涅伽达Ⅲ期（约公元前3200年—前3100年）

**二、早王朝时期**（1—2 王朝，约公元前 3100 年—约前 2700 年）

**三、古王国时期**（3—8 王朝，约公元前 2700 年—约前 2180 年）

**四、第一中间期**（9—10 王朝，约公元前 2180 年—约前 2040 年）

**五、中王国时期**（11—12 王朝，约公元前 2040 年—约前 1786 年）

**六、第二中间期**（13—17 王朝，约公元前 1786 年—约前 1550 年）

**七、新王国时期**（18—20 王朝，约公元前 1550 年—约前 1069 年）

**八、第三中间期**（21—25 王朝，约公元前 1069 年—约前 664 年）

**九、晚王国时期**（26—31 王朝，约公元前 664 年—约前 332 年）

**十、托勒密时期**（31—32 王朝，约公元前 332 年—约前 30 年）

**十一、后埃及时期**（埃及行省，约公元前 30 年—639 年）

## 奇特的王室婚俗，兄妹父女皆可通婚

古埃及是人类文明的发祥地之一，其历史文化源远流长，拥有众多令人瞩目的文化遗产和艺术品，如金字塔、狮身人面像、木乃伊和象形文字等。然而，在种种国家名片的背后，古埃及隐藏着一种陋习，也可以说是奇特的风俗，即王室内部兄弟姐妹通婚和父女通婚。这种家族内通婚的方式对当时的波斯及欧洲的一些王室产生了深远影响。

古埃及为什么会产生王室内部通婚现象呢？古埃及每一位法老都自称是神，在思考怎样才能拒绝外来血统流入王室，保持血统的纯正性，以永久处于统治地位。有位法老深入思考后，最终得出一个“最佳”方案，就是在王室内部实行近亲通婚制度。现在看来，这是一种扭曲现象，然而在当时的情况下，“神”具有绝对的权威和至高无上的权力，他们内部相互通婚，也就变得名正言顺、合理合法了。并且这样做，国家权力和王室财产不会落入外人之手。

古埃及王室内部兄妹通婚有很多例子，比如哈特谢普苏特和自己的哥哥通婚。哈特谢普苏特是古埃及十八王朝的女法老，图特摩斯一世的女儿，是位非常有影响力的女人。年轻时，哈特谢普苏特就嫁给了自己同父异母的哥哥图特摩斯二世。图特摩斯二世体弱多病，无心治国，继位不久大权就落到哈特谢普苏特身上。几年后，图特摩斯二世病逝。此时的哈特谢普苏特根基不稳，无法实现抱负。于是，她安排图特摩斯二世与妃子所生的一个10岁男孩与自己的女儿完婚后继位，是为图特摩斯三世，她则辅助图特摩斯三世治理国家。辅政虽说权力很大，但毕竟不是法老，哈特谢普苏特干脆冲图特摩斯三世招招手，让他从王位上下来回到阿蒙神庙当祭司。图特摩斯三世很听话，离开了王位，哈特谢普苏特一屁股坐上去，自己当上了法老。

古埃及王室内父女通婚也有很多例子，比如埃赫那吞就娶了自己的女儿。埃赫那吞是位颇具争议的法老，他继承王位后不走寻常路，直接把以前法老所敬奉的神统统推翻。不过，埃赫那吞还没疯狂到否决神存在的地步，他把太阳神“阿吞”作为自己唯一崇拜的神。

除上述例子，还有拉美西斯二世、克娄巴特拉七世等。拉美西斯二世是古埃及历史上最著名的法老之一，在他的统治下古埃及新王国进入强盛时代。拉美西斯二世本人就是强力的国王、伟大的将军，统治古埃及长达67年之久。相关史料记载，他就娶了自己的两个女儿。著名的埃及女王克娄巴特拉七世，也先后与自己的两个同父异母的兄弟结婚。

从遗传学而言，近亲结婚，后代出现畸形或发育不良的概率较高，这在埃及王室体现了出来。

1922年11月4日，考古学家在拉美西斯六世陵墓旁边意外挖到一个通向地下的石阶。打开封门后，显现出一条将近10米长的倾斜巷道。在墓道尽头，其中一人手持探棒，在墓门上捅开了一个小洞。这座神秘的古墓——流传了近 3000 年的古埃及十九王朝法老图坦卡蒙之墓终于被打开。当人们打开墓门进入前室时，美妙绝伦的图坦卡蒙之墓使他们惊呆了：门槛上散落着鲜花，花瓣依旧鲜嫩，似乎是刚刚撒下的。墓室的宁静气氛仿佛在告诉人们，葬礼就在昨天举行，而法老也才刚刚睡熟。

考古学家发现图坦卡蒙的陵墓和木乃伊后，试图揭开他的死亡原因。有人认为他死于一场政治谋杀，有人认为他是从车上意外跌落而摔死的，也有人认为他被马踢死，还有人认为他死于败血症或脂肪栓塞。猜测归猜测，人们始终无法给出准确的答案。科学家借助科学仪器检测图坦卡蒙的木乃伊后发现，图坦卡蒙生前就疾病缠身，脊柱严重变形，腿脚不便，一条腿更是骨折了。DNA 检测也显示，图坦卡蒙得过疟疾和多种遗传性疾病。研究人员认为他死于疟疾和并发症。由此可见，虽然人们通常把图坦卡蒙美化成一位优雅的少年法老，但真实情况是“身体羸弱，骨头坏死……右脚缺趾，左脚畸形，要靠拐杖走路”，想象与现实间的差距还是很大的。

美国密歇根大学医学史学博士霍华德·马克尔对图坦卡蒙的状况解释道，年轻的图坦卡蒙身患这些疾病，与父母近亲结婚有很大的关系。他不仅继承了王位，还继承了父亲的唇腭裂、祖父的足部畸形等症状。此外，埃及考古学家扎西·哈瓦斯也通过检测信息得出了更多历史细节。他注意到，在与图坦卡蒙有关的图画中，图坦卡蒙是坐在战车上射箭，而不是像其他人一样站着射箭。根据这个不寻常的细节，考古人员在陵墓中发现了许多陪葬的拐杖，“起初我们认为，拐杖是权力的象征，事实上并非如此，他生前使用过那些拐杖。为什么要使用拐杖？答案很简单，因为他无法像正常人一样站立和行走。”

人类的遗传基因会产生缺陷和变异，近亲间结婚，会导致这种变异和缺陷发生在下一代身上的概率要远远高于非近亲结婚。因此，许多国家都明文禁止近亲通婚，中国亦如此。

古埃及文明传承早已中断，有关古埃及的历史总带着神秘的色彩，但统治阶层中王室近亲通婚的现象却是公认的历史事实。

## 古代印度种姓制度和婆罗门教

约公元前 2000 年起，雅利安人来到了印度河流域，他们把土著达罗毗荼人称为“达萨”，意思为“敌人”。抢占人家的土地、家园，还把人家称为敌人，这种行为表明了雅利安人对当地居民的侵略，是一种野蛮行为。

公元前 1500 年，印度进入“吠陀时代”。雅利安人控制的印度河流域四分五裂，他们为了争夺地盘，经常上演大鱼吃小鱼的情景剧。如此争来抢去，实力强大者浮出水面，实力弱小者沉入水底，种姓制度也逐渐形成。婆罗门教也在原信仰基础上发展出来。

“种姓”把印度河流域的人分为四个等级。第一等级位于金字塔的塔顶，是由僧侣贵族组成的“婆罗门”，掌握神权，垄断文化；第二等级是武士贵族“刹帝利”，掌握军事和行政大权；第三等级是自由民“吠舍”，主要由农民、手工业者和商人组成；第四等级是“首陀罗”，他们是那些被征服的土著、贫穷破产和丧失土地的人。除了这四个种姓以外，不同种姓的男女所生的子女被视作第五种人——“不可接触者”，即最受歧视和压迫的“贱民”。

“萨特拉”是宗教的再生礼。种姓制度下，为使雅利安人永远把达罗毗荼人捏在手掌之中，婆罗门剥夺了首陀罗参加“萨特拉”的资格。因此位于前三个种姓的雅利安人称为“再生族”，首陀罗因不能在宗教上重生，被称为“一生族”。

种姓制度的真实目的，就是保障僧侣贵族婆罗门行使其至高无上的权力，而婆罗门教和根据教义所制定的法律——“达磨”则是维护种姓制度的两大支柱。

婆罗门教相传形成于约公元前7世纪。为了维持婆罗门种姓的统治地位，种姓制度被僧侣贵族称为“神的意思”，婆罗门种姓的权威也神圣化了。婆罗门教宣扬，造物神梵天在分割原始巨人普兽沙时，根据他身体的不同部位造出四个不同的种姓：嘴变成了婆罗门，双臂变成了刹帝利，双腿变成了吠舍，污浊的脚掌生出了首陀罗。除此之外，婆罗门教义还说，婆罗门、刹帝利、吠舍这三种再生人各自的职分、义务和能享受的利益也是由天神决定的；至于首陀罗，天神规定他们只能终生做“再生族”的奴仆。

婆罗门教所做的一切，不过是给统治阶层披上一层“神”的外衣。有了婆罗门教加持，婆罗门更加肆无忌惮，他们找了一些人，拼凑出了万物有灵和灵魂转移的观念，这就是“轮回”和“业”。学说出来了，需要宣传，婆罗门充当起宣传者，宣扬：人死后灵魂就转移到其他生物那里，有的转世为人，有的转世为鸟、鱼、虫、兽等，这就是所谓的轮回；轮回的形态取决于现世的行为——“业”。这种说教的本质就是，让低种姓的人老老实实为高种姓的人服务。

那么，低种姓的人怎样才算尽了与自己种姓相称的义务呢？关于这一点，婆罗门教也早已安排好了，归纳起来大致有三条：

一是举行祭礼。祭礼仪式十分繁复，最简单的一种方式是供上面饼和酥油，一边念诵《吠陀》，一边将两把木勺持在手中，一上一下地将酥油浇在头上。这种祭礼仪式每次至少持续 5 天。

二是苦行修身。修苦行的人必须离家，住进森林中或者岩洞里，留起长长的头发，穿树皮或者兽皮，吃草木的根或者靠施舍度日。修行时必须用趾尖站立，大暑时节头顶烈日，四面围上火堆经受烤晒；严寒时必须身穿湿衣。婆罗门教宣扬说，低种姓的人要想进入高种姓，这一世必须苦行修身，来世才可以投胎到高种姓阶层。

三是遵守“达磨”。“达磨”规定什么，就必须无条件执行，决不能做违反的事情。

总的来说，种姓制度和婆罗门教，想尽办法欺压古印度底层民众。公元前 6 世纪，刹帝利和吠舍，不满婆罗门的压榨，爆发了反对种姓制度和婆罗门教的运动。婆罗门教从神坛跌入谷底。接下来，一种新的宗教诞生了，它就是“佛教”，由迦毗罗卫国王子乔达摩·悉达多创立。

### 古印度文明演变历程

| | |
|---|---|
| 约公元前3100年—前1750年 | 印度半岛的达罗毗荼人，在印度河流域创造出“哈拉帕文化”。 |
| 约公元前2000年—前1750年 | 雅利安人入侵，印度河城邦消失。 |
| 约公元前1500年—前1000年 | 前期吠陀时代，也称梨俱吠陀时期，种姓制度形成。 |
| 约公元前1000年—前600年 | 后期吠陀时代，婆罗门教形成。 |
| 约公元前6世纪—前5世纪 | 佛教形成。 |

## 由神话到现实：克里特文明发掘记

谈及西方古代史，古希腊是绕不开的话题。19 世纪 70 年代，德国考古学者施里曼向考古界提出了一个大胆的猜想，他对外宣称公元前 12 世纪至公元前 9 世纪的古希腊荷马时代并非虚构，而是真实存在的。

施里曼的这一猜想，震动了整个西方考古界。一些反对者纷纷站出来反驳施里曼，更有一些专家、学者直接痛斥施里曼故意博人眼球。面对扑面而来的各种攻击，施里曼拿出自己的考古证据，这些证据最终使得质疑者们不得不闭嘴。

英国有位学者叫伊文斯，他对古代文化颇有研究，看到施里曼提出的证据后，慕名去拜访施里曼，并到迈锡尼做了实地考察。然后，他意外发现这里出土的文物竟然比荷马时代的还要早。古希腊文化的根源究竟在哪里呢？伊文斯陷入沉思……

一天，伊文斯在雅典的一家古玩店里发现了数枚刻有文字的小石印章。询问售货员后，伊文思得知这些印章都来自克里特岛，不禁想起荷马史诗《奥德赛》中，对克里特赞颂的诗句：

“有一处国土克里特，在酒色的大海中央，美丽而肥沃，波浪环抱，居民众多，多得难以胜计，共有城市九十座……”

克里特岛是爱琴海的第一大岛，是欧、亚、非三大洲的海上交通要道。1900 年，伊文斯着手发掘克里特岛，随后在北部的诺萨斯古城发现了米诺斯王宫遗址。米诺斯王宫依山而建，石板铺成的甬道连接着宫门和开阔的庭院，宫室大都是三层建筑，设有供水和排水设施，回廊曲折，千门百户，任何人进入宫门，都会眼花缭乱，所以米诺斯王宫又有“迷宫”之称。

伊文斯的发现传出后，意大利、美国等国的考古队也纷纷前往爱琴海考察发掘。于是，爱琴海中的许多岛屿上热闹了起来，发掘报告接二连三公布于世。发掘工作始终围绕着爱琴海地区进行，考古学家将此区域内发现的文明，称为“爱琴文明”。爱琴文明范围虽广，但却只有两个中心点，一个是克里特岛的诺萨斯，另一个是南部希腊的迈锡尼。

考古学家发现，公元前 20 世纪，克里特岛进入了青铜器时代，铸造工艺发达，铸造出的双面斧、长短剑等都相当精美。当时的居民从事犁耕农业，出产大麦、小麦及豆类；还栽培葡萄和橄榄，用来酿酒和榨油。在米诺斯王宫的仓库里，考古学家还发现一些经过烧制的大陶缸和陶瓮，它们是用来盛酒和油的。米诺斯王宫布置华丽，壁画上的窈窕淑女颇有“巴黎式贵妇”的风韵，成双成对的鹧鸪也被描绘得栩栩如生。克里特居民使用的一种线条文字，刻画在泥版上，学者们称之为“线性文字 A”。“线性文字 A”至今未能解读，泥版记载的内容依然没能大白于天下。

公元前 14 世纪，克里特文明遭到毁灭性的破坏，诺萨斯等城市和那些富丽堂皇的建筑物，突然之间变成了断瓦颓垣。它们在地下沉睡了 3000 多年后，才由伊文斯等考古学家发掘出来。近年来，考古学家经过科学考察后认为，克里特文明极可能是因火山喷发而走向灭亡的。

公元前 20 世纪中期，亚加亚人在南部希腊创造了迈锡尼文化。它与同时代的克里特文化水平不相上下，但同时又具有自己的风格和特点。自 1876 年开始，迈锡尼遗址吸引大批考古工作者前往考察，重要的遗址陆续发现，如梯林斯、派罗斯、雅典等。人们目睹了迈锡尼文明王宫留下的残垣断壁，对王室宝藏惊叹不已，自然会发出疑问：如此辉煌的文明，是什么原因而导致毁灭的呢？由于相关文字记载太少，泥版文书和《荷马史诗》的信息又过于简略，要想解开迈锡尼灭亡之谜，不是一件容易的事。

总体而言，爱琴文明是公元前 30 世纪至前 20 世纪（主要成就在公元前 20 世纪）地中海东部产生的一种风格独特的文化。其水平与近邻埃及和两河流域同时代的文化相比，毫不逊色。据研究，随后的希腊文明（即公元前 11 世纪至公元前 9 世纪的“荷马时代”）与爱琴文明有着一脉相承的关系。若真是如此，希腊历史便可以上溯到更久远的时代了。

**古希腊早期文明演变历程**

| | |
|---|---|
| 公元前3000年—前1900年 | 米诺斯文明萌芽。 |
| 公元前1900年—前1700年 | 米诺斯文明早期。 |
| 公元前1700年—前1450年 | 米诺斯文明晚期。 |
| 公元前1600年—前1150年 | 迈锡尼文明时期。 |
| 公元前1100年—前1000年 | 多里安人的入侵，毁灭了迈锡尼文明。 |

## 环航非洲的腓尼基商贩

约公元前 5000 年，地中海东岸有一片无人居住的狭长土地，它背靠黎巴嫩山，东西宽 10—20 千米，南北长近 200 千米，整个西部面临大海，具体位置就是现在黎巴嫩和叙利亚的沿海地带。一天，一批腓尼基人来到这里定居下来。现在看来，这里确实是一块风水宝地，定居在此不仅可以实现“海鲜自由”，还能和相爱的手牵手坐在海边，吹着海风，沐浴晚霞，看落日缓缓降至海平面下。用今天的评判标准，这样的生活的确充满诗情画意。但别忘了，那时的生产力低下，人们整天挣扎在温饱线上，怎么会有时间整天谈情说爱，像诗人一样对着大海抒情呢?

由于背靠高耸的黎巴嫩山，这片土地并没有发展农业的便利条件。腓尼基人并没有受到地域状况的限制，他们很务实，选择了向大海发展。有人可能会说，捕捞海产品卖到其他地方，岂不是赚得盆满钵满?但在那个时代，海产品并不值钱，也没有广阔的市场。腓尼基人转变思维，向大海寻找稀有产品。这种稀有产品是一种贝壳，在当时的市场上非常抢手。它表面上同一般贝壳无大差别，但体内可以提取出的绛紫色汁液，汁液经调和以后可以印染布匹。印染后的布匹鲜艳夺目，不论日晒风吹或雨淋，永不褪色，因此古希腊人称腓尼基是“紫红色的国度”。

常年在海上漂泊，腓尼基人练就了一身的航海本领。大约在公元前21世纪，沿海地区陆续形成一些城邦。每个城邦都有自己的管理机构，主要包括元老院、民众大会和国王，而腓尼基却不是一个统一的国家。公元前21世纪后半期，腓尼基出现了几个盛极一时的城邦，其中西顿（今黎巴嫩的赛达）和推罗（今黎巴嫩的苏尔）最为有名，它们在地中海的舞台上扮演过光彩夺目的角色。

腓尼基人当初选择向大海讨饭吃，也是被逼无奈。谁知，歪打正着，他们因此成了世界上最古老的商业民族。腓尼基人很会做生意，特别是在海上贩运各地货物牟利。腓尼基货船并不大，是用香柏木制造的，船身涂有松脂，既防腐又美观。每当腓尼基货船停靠在码头，当地人便知道腓尼基人来了。

腓尼基人的航线主要有两条：一条是从塞浦路斯岛出发，经由小亚细亚南岸驶入爱琴海，北上到达赫勒斯滂和黑海沿岸一带。不过，随着希腊势力在爱琴海地区的发展，腓尼基人逐渐放弃这条航线。另一条航线是沿着非洲北岸经过埃及、利比亚，再一路向西航行。活跃于这条航线上的大多是推罗航海家，他们在非洲北部及地中海西部的一些岛屿上建立了许多商业据点，其中最大的一个就是位于突尼斯湾旁的迦太基。

公元前 814 年，腓尼基的推罗人在突尼斯建立了迦太基王国，这是他们的第一个独立国家。迦太基，该词源于腓尼基语，意为“新的城市”。为什么要选择迦太基呢？原因很简单，迦太基地理位置优越，出海方便，还是东西地中海的要冲之地。到公元前 6 世纪，迦太基从商业贸易中获得巨大利益，成为西地中海地区的强国。此时，迦太基觉得地中海太小了，无法满足其欲望，于是越过“赫拉克勒斯石柱”（直布罗陀海峡），沿着伊比利亚半岛的西海岸，向北一直航行到了英格兰。这在地理知识缺乏、工艺技术简陋的古代，不能不说是一项了不起的成就。

对于腓尼基人的航海经验，许多统治者垂涎欲滴。亚述和波斯的国王都曾讨好过腓尼基人，让他们帮助发展海军力量。埃及法老更是放下架子，与腓尼基人频繁接触。

公元前600年左右，埃及法老奈科出资招聘了一批腓尼基航海家和水手，组成一支船队，让他们去探索非洲南部。奈科规定，船队只许沿着非洲东海岸向南行驶，不许后退。他想看看船队究竟能否再回到埃及。

虽然这是一次史无前例的探险，但腓尼基人心中有数，便接下了这一单。船队从尼罗河三角洲的塞易斯出发，向东南方航行抵达布巴斯提附近，然后进入红海。船队在海上航行到第13个月时，船员们发现太阳已不在前方（南面），而是逐渐地转到背后（北面）去了。在那个时代，人类的地理知识毕竟有限，对此无法理解。真实情况是，船队已经航行到了南半球。

船员们都认为这是“日神移位”，将会发生可怕的事情，所有的人都提心吊胆，担心自己再也不能享受幸福生活。结果时间一天天过去，种种灾难根本没有发生，他们的心理负担也就逐渐减轻了。船队继续向前航行，携带的食物吃光了，就上岸捕捉禽兽，采摘野果。其间船队经历了种种艰辛，克服了许多困难，最终绕过了今天的好望角。船队继续前进。很快，奇迹发生了，太阳已不再从左方升起，而是从右方升起。当船队再度越过赤道，太阳重新“复位”到南方，腓尼基人才恍然大悟，原来自己从非洲的西海岸又绕了回来。随后，船队继续向北航行，他们对气候也愈来愈适应。

当船队通过“赫拉克勒斯石柱”时，船员们一个个高兴得手舞足蹈。船队经过迦太基时，在那里休整了数日，得到了同胞们的热情款待。随后船队顺利返回埃及。

这次航行历时三年，腓尼基航海家们以自己的经验完成了第一次环绕非洲的航行，这件事载入了世界航海史。埃及法老也非常高兴，对这些勇敢的航海家给予重奖。

**腓尼基文明演变历程**

| | |
|---|---|
| 约公元前5000年 | 腓尼基人居住在地中海东岸，即今天的黎巴嫩和叙利亚的沿海地带。 |
| 约公元前2800年—前1200年 | 腓尼基隶属于埃及，处于“埃及时代”，政治上受埃及的控制。 |
| 约公元前2000年 | 腓尼基人建立的西顿城发展起来。 |
| 约公元前1200年 | 腓尼基人建立的推罗城强大起来。 |
| 约公元前1200年—前800年 | 腓尼基进入兴盛时期。 |
| 约公元前800年以后 | 腓尼基开始衰败，其商业优势也逐渐颓废。 |
| 约公元前500年 | 希腊人称霸东地中海。 |
| 约公元前332年 | 推罗城陷落，腓尼基人的历史走到尽头。 |

## 大卫和所罗门，带领犹太人走向辉煌的王

犹太王国曾出现这样一位国王，他就像《荷马史诗》中吟唱的英雄一样，为世人熟知和赞颂，这位国王就是大卫。文艺复兴时期，著名雕塑家米开朗琪罗制作了一座大卫的雕像，这不仅展示了他的英勇和智慧，还讲述了一个与他相关的故事。

公元前1000年前，当时犹太人有一个叫扫罗的君王，他率领军队与腓

力斯丁人在巴勒斯坦的一个山谷中对峙。有个叫歌利亚的非利士巨人挡在了扫罗的军队面前。歌利亚身材魁梧，长相凶悍，对着扫罗的军队大声咆哮。扫罗的士兵肝胆俱裂，没有人敢出来迎战。

大卫站出来告诉扫罗，自己可以战胜歌利亚。扫罗看了看大卫，觉得他是在说大话。大卫，眉清目秀，是一个牧童。这么多勇士都害怕，大卫一个小牧童，凭什么能战胜歌利亚呢？不仅扫罗不相信，军队里的所有人都不相信。大卫并不气馁，告诉扫罗说："我曾经在保护羊群时与狮子打斗，并打死了那头狮子；我也曾与熊搏斗，最终把熊杀死了。歌利亚并不比狮子或熊更可怕。"

听了大卫的话，扫罗半信半疑。心想，能够打死狮子和熊是一回事儿，能否战胜歌利亚是另外一回事儿。可是，其他人都不愿意挑战歌利亚，扫罗想了想，决定让大卫去试一试。

大卫知道自己面临非常大的挑战，开始做交战前的相关准备。扫罗让他穿上盔甲，他觉得穿上盔甲行动不便，就拒绝了。为了攻击歌利亚，大卫到溪边捡了五块鹅卵石，并带上了自己的牧羊杖和甩石的机弦，然后走到了歌利亚面前。

歌利亚满心期待能遇到一个强悍的勇士来挑战他，但最后出现在他面前的却是一个看上去身材瘦弱、力量平凡的少年。歌利亚露出傲慢的表情，迈步走了过去。大卫毫不畏惧这个大块头，自信满满地冲向了歌利亚。大卫在接近歌利亚的瞬间，用甩石的机弦把一枚鹅卵石用力甩了出去。鹅卵石犹如流星一样，直奔歌利亚而去。歌利亚毫无防备，鹅卵石不偏不斜，正好击中他的额头，进入额内。他惨叫一声，栽倒在地上，失去了知觉。大卫冲到歌利亚面前，拔出歌利亚腰间的刀，手起刀落把他的脑袋砍了下来。

非利士人失去歌利亚，顿时慌乱起来。扫罗抓住战机，带领军队冲杀了过去，一鼓作气攻下非利士人的数座城池。

战斗胜利后，大卫击杀歌利亚的事情几乎传遍整个王国。美女爱英雄，扫罗的女儿米甲爱上了大卫，大卫眼里也只有米甲。郎有情妾有意，扫罗成全了这对有情人。后来，扫罗在非利士人争战中阵亡，大卫接替王位。大卫上任后，打败迦南人，把一座名为耶布斯的城市改名为“耶路撒冷”，并把该城定为犹太人的圣城。

大卫死后，他的儿子，也就是日后赫赫有名的所罗门继承王位，成为新一任国王。

所罗门的智慧非同一般。一天，两个女人因为争吵找到所罗门调解。她们争吵是由于其中一个女人怀里抱的婴儿，两个女人都说自己是婴儿的母亲。这的确是一个棘手的问题，换作他人，必然不知所措。所罗门微微一笑，说：“你们都别争了，把婴儿从中间劈成两半，一人一半。”其中一位女人听到所罗门的话，大惊失色，慌忙说：“将孩子给那个妇人吧！千万别伤害孩子！”另一个女人说：“把孩子劈了！咱俩一人一半！”随后，所罗门将婴儿递给了为孩子求情的女人，也就是婴儿真正的母亲。因为所罗门知道，孩子是母亲的心头肉，没有一个女人愿意看到自己的孩子被劈成两半。

所罗门王以智慧著称，他的事迹传遍各地。传说，在阿拉伯西南方有一个叫示巴的国家，其女王非常崇拜所罗门，便千里迢迢来到了犹太国。一男一女两位国王一见钟情。示巴女王在耶路撒冷待了半年，回国时已身怀六甲。不久，示巴女王生下一子，取名埃布纳·哈基姆，意为“智者之子”。埃布纳·哈基姆长大成人后，曾去觐见所罗门。后来，哈基姆成为埃塞俄比亚的国王。

所罗门是犹太历史上最伟大的国王之一，可惜的是，他也是犹太人最后一位伟大的国王。所罗门去世后，以色列联合王国分为南北两个王国，北方称以色列王国，南方称犹大王国。

## 古代犹太历史分期

**族长时期**（约公元前19世纪—前13世纪）

**士师时期**（约公元前13世纪末—前11世纪后期）

**联合君主制**（公元前1025年—前935 年）

**分裂时期**（约公元前935年—前586年）

**被掳时期**（公元前586年—前515 年）

**希腊化时期**（公元前305年—前63 年）

**罗马占领时期**（公元前63年—135 年）

# 第三章

## 荣光绽放
## 王者之战成就不朽神话

# 木马屠城：一个诡计终结10年战争

在传说中，古希腊历史与居住在奥林匹斯山上的众神关系密切，这些神灵常常犯些与人类一样的错误，总是争执不断。一次众神在婚宴上闹了起来，并直接引发一场战争——特洛伊战争。

事情的经过是这样的：一天，众神在奥林匹斯山上无所事事，一封邀请函从人间飞来，邀请一些神灵去参加人类英雄珀琉斯和海洋女神忒提斯的婚礼。不巧的是，请帖上没有不和女神厄里斯的名字。这把厄里斯气坏了。制造矛盾、引起争执是厄里斯的强项，于是她决定实施报复，在婚宴引起不和。

为此，厄里斯带着一个金苹果，不请自来，出现在婚宴上。当她把金苹果呈现在宾客面前时，在场的女神们脸都气绿了。原来，金苹果上赫然写着："献给最美的女神"。女神们个个高贵且骄傲，都认为自己才是最美丽的那一位，赫拉、雅典娜、阿芙洛狄忒为了得到象征自己是最美女神的金苹果，争得脸红脖子粗。

三个女神吵吵嚷嚷，在场的其他神都不敢说一句话。因为他们都知道，这三位女神非同一般，得罪她们没有好下场。最后，"众神之王"宙斯找来一位牧童当裁判。三个女神都想让牧童把金苹果判给自己，便对牧童展开各种诱惑。众神之母赫拉许诺他做国王，智慧女神雅典娜承诺给他智慧，爱与美的化身阿芙洛狄忒答应让他娶到世界上最美的女人做妻子。牧童也不简单，他是希腊对面的特洛伊国王普里阿摩斯的儿子，名叫帕里斯。面对三位女神开出的条件，该选择哪一位呢？做智者、做国王，都没意思，娶到世界上最美的女人才最幸福。帕里斯把金苹果判给了阿芙洛狄忒，阿芙洛狄忒如愿以偿得到“最美女神”的称号。

接下来该阿芙洛狄忒履行承诺了，可是世界上最美的女人海伦，已经成为斯巴达国王墨涅拉俄斯的妻子。于是，帕里斯在阿芙洛狄忒的帮助下，潜入斯巴达城，见到了海伦，然后把海伦带回了特洛伊。自己的妻子被他人拐走了，墨涅拉俄斯非常愤怒，马上联合希腊人攻打特洛伊，希望夺回自己的妻子。特洛伊的城池坚固，易守难攻。这一仗打了10年之久，墨涅拉俄斯决定放弃。就在这时，希腊联军中有个足智多谋的人物——伊塔卡岛国王奥德修斯，献出一条妙计：造一匹比城门还要高的木马，然后把士兵藏在木马的肚子里。一切准备好后，希腊人把木马放在特洛伊城外，其余的希腊军队假装从海上撤退。同时，希腊人通过间谍向特洛伊人传达这样一个信息：木马是神的礼物，特洛伊人应该把木马请进城。

祭司拉奥孔看出端倪，劝大家不要接近木马，也不能把木马请进城中。特洛伊人想得到神的礼物，把拉奥孔的话当成了耳旁风，而且此时拉奥孔和他的两个儿子也被海里游来的几条大蛇死死缠住，最终窒息而亡。特洛伊人认为，拉奥孔父子的死，是在暗示他们不要相信他的话。最终，特洛伊人不惜拆掉部分城墙，把木马请进了城中。当晚，希腊士兵从木马里钻出来，打开特洛伊城门，与外面并没有走远的希腊联军里应外合，一举攻下了特洛伊。希腊联军几乎夷平整座城市，海伦又回到丈夫身边。靠着木马计，希腊联军最终战胜了特洛伊。

希腊人以这个故事作为题材，写下许多文艺作品，《荷马史诗》就是其中最早的一种。《荷马史诗》分为《伊利亚特》和《奥德赛》两部分，其中《伊利亚特》详细记录了特洛伊战争的整个过程。

这场因一个女人而引发的战争，是否真实存在呢?

许多历史学家认为，特洛伊战争真实存在。不过也有人提出疑问，怀疑特洛伊战争是杜撰的。施里曼是一位深受《荷马史诗》启发而有所作为的学者。他早年曾从事蓝靛贸易，由此发财致富，随后他漫游世界各地，与雅典名门索菲亚结婚。施里曼苦心钻研古希腊历史，并亲往伊塔卡岛和特洛伊等地进行考察。1870 年，施里曼带领助手，着手发掘特洛伊遗址，次年展开大规模发掘，直到 1873 年才初告一个段落。他们共计发掘出九层，自下而上的第六层属于“特洛伊战争”时代，出土了大量的珍贵文物，仅金银制品就有数千件之多。后来，施里曼离开，他的助手威廉·德普费尔德继续进行发掘，发现了更多房屋，还有一座瞭望塔及 300 多米的城墙。

事实证明，特洛伊战争可能并非杜撰，而《伊利亚特》只是忠实地记录了这场战争。

## 古希腊奥运会——绵延至今的圣火

关于奥运会的起源，有一个美丽的神话故事。基波达米亚是伊利斯城邦国王俄诺玛斯的女儿，许多青年都向这位漂亮、聪慧的公主求婚，神曾告诉国王俄诺玛斯："你女儿结婚之日就是你死亡之时。"

女儿到了结婚年龄，难道一直让她不出嫁？或者用自己的生命成全女儿的婚姻？两难之下，俄诺玛斯选择珍惜生命，并想出了一个办法，表面上支持女儿结婚成家，实际上暗中保护自己。于是，他对外宣布道："所有求婚者必须和我举行战车比赛，胜者才有资格迎娶我的女儿；如果被我追上，我会用长矛把求婚者刺死。"

这种拿生命搏婚姻的冒险行为，并没有让求婚者望而却步。在海神波塞冬的儿子佩洛普斯向基波达米亚求婚之前，已经有 13 位求婚者死于俄诺玛斯的长矛下。为了抱得美人归，佩洛普斯毫不犹豫地走上了竞技场。

基波达米亚深爱佩洛普斯，担心佩洛普斯也像其他人一样命丧父亲的长矛下。她想了一个办法，用重金买通父亲的车夫，让他卸掉父亲战车轮子上的销钉。比赛时，俄诺玛斯拼命追赶佩洛普斯，眼看就要追上时，突然间车轮飞离了战车，俄诺玛斯也从战车上跌落下来当场摔死。

佩洛普斯赢了，为了庆祝这次胜利，在奥林匹亚的阿尔提斯建起了纪念碑，同时还举行空前盛大的竞技体育大会。从此以后，古希腊奥林匹克运动会就诞生了。

神话故事毕竟是虚构的，不具备真实性。相关学者经过研究认为，古代第一届奥运会始于公元前 776 年，举办地在伯罗奔尼撒半岛西部的奥林匹亚村。奥林匹亚村位于一块小平原上，背靠奥林匹亚山，山上树木浓密，丛林深处高高矗立着宙斯神庙。当时的奥林匹克运动会有 5 天，从开幕到结束，都要向宙斯敬献整只的牛、羊，以示竞技场上的运动健儿对天神宙斯的崇敬之情，故而又称“神圣运动会”。

奥林匹克运动会是当时的一项盛事，数不清的希腊人从各地蜂拥而来，各个城邦也派使者或代表团前来参加。为了保障运动会能够顺利进行，古希腊人共同立下一系列规则：运动会期间，不得发动战争，任何战事必须停止，实行“神圣休战”。比赛期间，任何人不准携带武器进入奥林匹亚圣地，严格禁止抢劫、偷盗、卖淫等不道德行为。但凡某个城邦或个人违反规定，必然受到严厉的惩罚。这些规定符合古希腊人对和平和友谊的渴望，对维护和促进民族团结起到推动作用，后来人们称之为“奥林匹克精神”。

除了保障运动会顺利进行的规则外，古希腊人还规定了参赛条件。有资格参加奥林匹克运动会比赛的运动员，必须是纯正血统的希腊人，外族人和奴隶没有资格参加。参赛运动员至少需要有 8 名裁判证明已经经过 10 个月的训练，并且最后一个月是在奥林匹克运动场上完成的，否则不准参加比赛。

古希腊奥林匹克运动会最初是在草地上进行的，场地是一个狭长的马蹄形，观众围在四周进行观看。参赛的运动员，全身赤裸，涂满橄榄油，这样既可以防止烈日暴晒，又可以使皮肤富有光泽，增加美感。

古希腊奥林匹克运动会竞赛项目主要有赛跑、角力、掷铁饼和掷标枪等，以后又陆续增加拳击、战车赛、骑马跨栏和“潘克拉蒂奥”（类似现代摔跤）。赛跑，是运动会中一个重要的项目，按“斯泰德”计程（1 个斯泰德大约相当于今天的 185—225 米），最初的赛跑只有短跑，后来增加了往复跑（2 个斯泰德）、长跑（7—24 个斯泰德）、武装赛跑以及火炬赛跑。短跑分预赛和决赛。

战车赛，是观众喜爱观看的项目之一，也是勇敢与驾车技术的完美结合。古希腊的普通人没有实力参与这项比赛，因此参赛不仅要求有马，还要接受专业训练，因此参与者往往是贵族。据记载，雅典有位政治家、军事家，叫阿尔基比阿德斯，他想提升自己的名声，在一次奥林匹克运动会上，派出了 7 辆战车参加比赛。结果，他的战车在比赛中赢得了第一、第二和第四名，他如愿以偿使自己的名声传遍希腊的各个城邦。

古希腊奥林匹克运动会摔跤史上，最负盛名的是米隆。据说，米隆是数学家毕达哥拉斯的学生，力大无穷，30 年的比赛生涯中一直保持着优胜的地位。米隆与老师还有故事流传下来。一天，毕达哥拉斯正和一众朋友在家里聚会，突然间房顶坍塌。米隆一个箭步冲过去，用身体撑住了坍塌的房顶，直到屋内所有人都脱离险境才离开。一块石碑上也曾记载：米隆在奥林匹亚比赛中，当着观众的面扛起了一头牛。那是一头 4 岁的公牛，他把牛扛在肩上，绕场一周，然后一拳把牛击毙，当天把牛肉全部吃光。在场的观众看到后，无不瞠目结舌。

古希腊奥林匹克运动会也设有奖励机制，奖励偏重于荣誉而不是金钱。

优胜者会被戴上一顶用橄榄枝编成的花冠，花冠后来演变成了人们常说的“桂冠”。戴上桂冠的运动员，在闭幕式上可以享受众人的崇拜，诗人也会写诗赞美他们，把他们的名字写在特制的册子上，让他们扬名希腊各个城邦，终身由国家供养，免除一切赋税。优胜者要是进入剧场，也有权坐首席。当他们载誉归来，会受到热烈的欢迎，城邦甚至不惜拆毁些许城墙，给他们提供道路。从第七届奥林匹克运动会，开始增设物质奖，如奖给优胜者烧饭用的三脚釜等。梭伦任雅典首席执行官时，曾给每一位优胜者奖励 500 德拉克马的奖金。一个德拉克马当时可以买到一只羊，由此可见奖金相当丰厚。另外，如果一个选手在三届运动会上连续获胜，人们会给他在奥林匹亚竖立纪念雕像。

公元前 6 世纪至前 5 世纪，是古希腊奥林匹克奥运会的全盛时期。后来，随着古希腊的衰败，奥林匹克运动会减少，直至不再举办，但奥林匹克运动会的精神一直延续了下来。随着近代体育的兴起，希腊人恢复古代奥林匹克运动会的愿望得到许多国家的支持。1896 年，第一届现代奥林匹克运动会在希腊首都雅典举行，此后，奥林匹克运动会每四年一届，由各会员国申请举行，直到今天依然如此。

## 斯巴达，以战争为事业的城邦

公元前 900 年左右，斯巴达有一个叫莱克格斯的人，他是一个坚强的男人，有一个伟大的愿望，就是让斯巴达成为一个强大的城邦。

如何才能实现目标呢？莱克格斯走出家园，开始四处游历，学习其他城邦强大的经验。在游历途中，莱克格斯认识了许多人，经历了许多事。他发现，有些人喜欢过平平安安、快快乐乐的日子。可能你也想过这样的生活，莱克格斯却有自己的想法，他认为一个城市的居民如果只想着安逸，这个城邦一定不会强大；如果一个城邦的居民无论快乐与否，都能坚韧顽强地去做好本职工作，这个城邦一定能够强大。

经过多年游历，莱克格斯回到斯巴达。他根据游历中所获得的经验，给自己的家乡制定出一套规则，这些规则被称为“法典”。莱克格斯制定的法典，比其他法典还要残酷。正是因为这套法典，斯巴达很快成为一个军事强国。

希波战争温泉关一战中，斯巴达国王列奥尼达率领约 300 名斯巴达勇士和 7000 名希腊联军，抗击波斯的 10 万大军。双方的军事实力悬殊，列奥尼达不惧强敌，与波斯大军鏖战，杀得波斯军伤亡惨重，无法前进一步。后来，一个叫埃彼阿提斯的当地人告诉了波斯人通往温泉关后的小路，波斯军队绕到温泉关后，对列奥尼达前后夹击。战场形势急转直下，列奥尼达不顾个人安危，命令联军撤退，自己则亲率斯巴达战士坚守阵地，与波斯大军殊死搏斗，结果都战死在了战场上。

当时，有两名战士因患眼部疾病，无法出现在战场上与战友并肩战斗。其中一位战士得知前线战事危急，就让奴隶带自己去战场，为荣誉而战；另一名战士没有选择上阵，当他返回斯巴达后，认识他的人都叫他懦夫。一年后，在普拉提亚决战中，斯巴达以3万将士轻松战胜波斯8万精锐部队。温泉关战役中，那位没参战的战士则在此次战争中英勇战死，他用生命洗刷了耻辱，捍卫了斯巴达战士的尊严。这就是斯巴达人的战斗精神。伯罗奔尼撒战争中，斯巴达9万重步兵从战争的一开始，就死死压制住雅典联军，使得联军几年内几乎都困在城中。

可能有人会问，为什么斯巴达战士作战这么勇猛？这与斯巴达特殊的军事管理制度相关，军事管理也是当初莱克格斯法典的一部分。可以说，斯巴达是一个以战争为主旨的城邦，整个城邦就是一个大军营。

在斯巴达城邦内部，婴儿呱呱坠地时就被抱到长老那里接受检查，如果长老发现婴儿不健康，就会无情地将之抛到塔吉特山脚下的“弃婴场”。过了长老这一关后，母亲会用葡萄酒给婴儿洗浴，洗澡过程中婴儿失去知觉或抽风，说明体质不够强壮，母亲不会采取救护措施，任由他死去。

斯达巴人对男孩儿和女孩儿采用不同的培养方法。男孩儿7岁前由父母抚养，这期间父母的义务就是培养孩子不哭、不闹、不挑食、不怕黑、不惧孤独的习惯。7岁以后，孩子会被编入儿童营过集体生活，进行训练。在儿童营中，他们会被要求绝对服从上级，同时刻意培养他们的勇气、意志、体质。他们需要做与战斗有关的训练项目，如跑步、掷铁饼、拳击、击剑、搏斗等。为了培养孩子的忍耐力，每年的敬神节日中，孩子们需要一个个跪在神殿前，接受皮鞭的反复抽打，其间不许喊叫，不许求饶，更不能逃跑。

男孩儿到 12 岁时会被编入少年队。迎接他们的是更为残酷的生活，如不能穿鞋、冬天穿单衣、睡在草编的席子上。草编席必须由孩子自己制作，用于制作席子的草，不允许用刀割，必须自己到湖边去拔。少年队提供的食物通常很少，但鼓励孩子去外面偷东西吃，前提是不允许被人发现，一旦被发现就要遭到重罚。

在少年队训练到 20 岁后，他们会正式成为军人。男子 30 岁时结婚，但是每天必须参加相关的军事训练。60 岁时，可以退伍，预备军人的身份依然保留。可以说，斯巴达男子毕生都是一名军人。

斯巴达的男子需接受严格的军事训练，女子同样如此。女孩儿 7 岁后仍可以生活在家里，但要进行必要的锻炼，如跑步、竞走、掷铁饼、搏斗等，为她们日后生下强壮的孩子打下基础。斯巴达的女性经过特殊训练后，变得坚强勇敢。当她们成为母亲，送儿子上战场时，会给儿子一个盾牌，说："要么拿着，要么躺在上面。"以此鼓励儿子英勇作战。

对于音乐，斯巴达人喜欢那种能够鼓舞士气的激昂乐曲。斯巴达人不喜欢冗长的发言，在他们看来，语言仅用于表达思想，滔滔的雄辩没有任何的意义。斯巴达人素以遵守纪律和鄙视懦怯而出名，那些在战场上临阵脱逃者将被开除出"平等者公社"，不得参加战士共餐，而且还会遭受家族和舆论的唾弃。

斯巴达就是用这样一套办法，造就一代又一代勇武的战士。在很长的一段时间内，斯巴达人所向披靡，直到公元前 371 年，底比斯人击败斯巴达人，才动摇了斯巴达人长期在军事上的绝对优势地位。

# 巴比伦通天塔背后的秘密

两河流域是指幼发拉底河和底格里斯河流域，是人类文明的摇篮。

苏美尔人、亚述人、巴比伦人、波斯人都在两河流域建立过国家。其中，巴比伦人取得的成就十分耀眼，如《汉谟拉比法典》“通天塔”“空中花园”等。《汉谟拉比法典》是世界上第一部法典，值得后人称赞，至于“通天塔”和“空中花园”就另当别论了。“空中花园”是尼布甲尼撒二世为了取悦妃子而建造。“通天塔”的用途是什么？是否为尼布甲尼撒父子搞的面子工程呢？年代实在久远，除非穿越到过去，才有机会从他们父子口中得知修建此塔的真实目的。

据说，在巴比伦城中有一条纵贯城区的中央大道，它像一条中轴线，将星罗棋布的城内建筑群落依次连接在一起，形成规整对称的格局。这条中央大道又称“通天大道”，用砖头砌成路基，上面浇沥青，再覆以大石板，每块大石板上都刻有以下字句：“我乃巴比伦王尼布甲尼撒……我用‘夏杜’石板修建这通天大道，专供伟大的神马尔杜克巡行，愿我神赐我永生。”通天大道一端直通巴比伦城内最神圣的马尔杜克神庙，另一端就是著名的巴比伦“通天塔”。通天塔分为七层，上有四角鎏金的小神庙一座，总高 98 米，塔基四周每边的长度也是 98 米。据希罗多德记述，通向塔顶神庙的阶梯不是垂直落下，而是呈螺旋形环塔而上，中间还设有座位供敬神者歇息。

通天塔原名为“巴贝尔”，意思是“神之门”。在古巴比伦王国时期，曾有几任君主先后建造和加修这座塔寺。公元前689年，亚述王率兵攻陷巴比伦王国时，曾将塔捣毁。新王国的开国君主、尼布甲尼撒二世的父亲登位后，重新修造通天塔。据记载，当时的通天塔只有15米高。塔身剩余大部分和塔顶神庙的修建工程则基本上是在尼布甲尼撒二世亲自督办下完成的，是他下令从黎巴嫩运来雪松木做建筑材料，以鎏金装饰塔顶神庙。同时，也是尼布甲尼撒二世下令“加高庙塔，与天齐肩”。据说建筑这项工程，仅砖就用了6000万块。由此不难想象出塔落成后的伟岸身姿和雄浑气势，“通天塔”的称号大概就是因此而来。

巴比伦统治者修建通天塔的目的究竟是什么呢？

现代考古学家们认为，尼布甲尼撒国王通过建造通天塔，是为了借神的形象显示他本人的荣耀和威严。理由是，考古学家们在城内遗址中散存的许多砖片中，发现很多刻有“尼布甲尼撒、巴比伦国王、众神的护卫者、那波勃来萨的儿子、巴比伦之君”的文字，这显然是为了显示国王的权威。

也有一些学者认为，尼布甲尼撒二世大修通天塔，把马尔杜克神庙修建得富丽堂皇，是为了表示对巴比伦祭司阶层的尊重，从而取得这一部分人对王室政策的支持。事实上，在他执政时，具有社会影响的神庙祭司集团听命于他。

还有一些学者认为，通天塔是一个天文观测台。两河流域的古老先民的天文知识非常丰富，又懂得复杂准确的计算。巴比伦通天塔之所以修建得这么高大，是为了便于观察天文气象。另外，与通天塔建筑相似的埃及金字塔、玛雅金字塔等古代高层建筑物，普遍存在天文观测这一建筑设计的实用功能。

对于古代巴比伦国王建筑通天塔的目的，目前还难下断语，但不可否认的是，通天塔对研究两河流域的古老文明，具有重要的意义。

## 巴比伦文明演变历程

| | |
|---|---|
| 约公元前19世纪中叶 | 阿摩利人灭掉苏美尔人的乌尔第三王朝，建立以巴比伦城为首都的巴比伦王国。 |
| 公元前1792年左右 | 第六代国王汉谟拉比即位，征服了苏美尔人和阿卡德人，统一了美索不达米亚平原，建立一个强大的中央集权制国家，史称古巴比伦王国（约公元前1894年—前1595年）。 |
| 约公元前729年 | 古巴比伦王国被亚述帝国吞并。 |
| 约公元前626 年 | 亚述人派迦勒底人领袖那波勃来萨驻守巴比伦，但其却发动反对亚述统治的起义，建立了新巴比伦王国（约公元前626年—前539年），也叫迦勒底王国。 |
| 约公元前605年 | 尼布甲尼撒二世即位，叙利亚归顺新巴比伦王国。 |
| 约公元前597年 | 尼布甲尼撒二世出兵巴勒斯坦，攻占耶路撒冷。 |

**约公元前586年** 尼布甲尼撒二世再度攻陷耶路撒冷，犹太王国灭亡，绝大部分居民被俘往巴比伦尼亚，史称“巴比伦之囚”。

**约公元前539年** 波斯人崛起，居鲁士二世率军入侵新巴比伦王国时，祭司竟打开大门放波斯军队入城，新巴比伦王国不战而亡。

## 超级帝国的国王，在西徐亚人面前栽了跟头

公元前7世纪末，米堤亚、吕底亚、新巴比伦三个国家，上演了一场类似“三家分晋”的好戏，他们分割的对象是亚述帝国。

公元前553年，阿契美尼德族出现了一个具有强大军事和政治能力的人物，他就是居鲁士，率领波斯人起兵反抗消灭了米堤亚王国。随后，居鲁士趁热打铁，在西亚燃起战火。随着领土不断扩大，一个庞大的帝国诞生了——波斯帝国。居鲁士死后，冈比西斯二世即位，继续对外发动战争。后来，在冈比西斯二世远征埃及时，祭司高马达在国内发动政变，夺取了政权。冈比西斯二世得到消息后，非常气愤，急忙率领部队返回波斯。可能是因为气急攻心，冈比西斯二世还没赶回波斯，就在途中猝然死去。冈比西斯二世死后，阿契美尼德族旁支的贵族把持着波斯帝国的重要部门，他们支持大流士一世。大流士一世是冈比西斯二世堂兄弟的儿子。公元前522年，大流士一世与波斯贵族一起密谋，杀死了高马达，并登上了王位。

大流士一世也是个好战分子。公元前514年，他带领70万大军西侵，

越过博斯普鲁斯海峡，来到欧洲，准备越过多瑙河跟西徐亚人大干一场。按照大流士一世的计划，1~2 月内就能打败西徐亚人。但是当他来到西徐亚草原后，没有发现西徐亚人。

西徐亚人真是一群胆小如鼠的人吗？事实并非如此。他们在得知波斯大军入侵的消息后，就制定好了对策。他们认为，自己势单力薄，与波斯大军硬扛，就算用上全部兵力，也不是波斯人的对手。敌强我弱，只能诱敌深入，抓住机会再狠狠打击。在这种军事战略思想的指导下，西徐亚人兵分两路，一路由国王依丹图尔索斯带领，走在波斯军前面，始终保持一天路程的距离，并实行清野行动，填没沿途的水井和水泉，焚烧草原。另一路在远处窥视波斯军，只要波斯军队人困马乏，稍有懈怠，就立即派出精锐骑兵实施突袭。

大流士一世进兵的第三天，波斯军队看见地平线上出现的西徐亚骑兵，就向他们迅速逼近。波斯骑兵正要上前交锋，西徐亚骑兵却转身离去。好不容易发现敌方的部队，大流士一世岂肯错过，指挥大军在后面紧追不舍。

就这样，波斯军队跟在西徐亚骑兵的后面，向草原腹地深入。随着不断深入，草原因被焚烧过变得越来越荒凉、越来越可怕，西徐亚人也消失得无影无踪，波斯军疲惫不堪。大流士一世下令停止追击，刚在一条河边安营扎寨，后方就传来消息，昨天军队驻扎的地方出现西徐亚军队。大流士一世想到这可能是西徐亚人在采取破坏行动，顾不上收拾营帐，立刻带军回击。这支出现在波斯军后面的人马，不是西徐亚国王依丹图尔索斯带领的部队，而是另外一支。当波斯军队大口喘着粗气返回前一天驻扎的地方后，西徐亚人迅速撤退，继续与他们上演捉迷藏。第二天，西徐亚人又出现波斯军队的前面，大流士一世率军想追上他们，却总差一步之遥，并且西徐亚人动辄还玩起了失踪游戏。

这么折腾下去，士兵的厌战情绪越来越高。于是，大流士一世派了使者向依丹图尔索斯传话："阁下，你为什么总是逃呢？两条路你可任选其一：要么与我决一雌雄；要么自知不敌，就别这样跑来跑去，应该跟你的主人缔结合约，把土地和水两件礼物献给他。"依丹图尔索斯回答道："波斯人，我从未因害怕而逃避过，我现在的所作所为与和平时期惯常的做法没有什么两样。我们西徐亚的城市和耕地很少，根本不担心它们会被征服和蹂躏。因此我不急于跟你厮杀。"

西徐亚人不肯屈服，经常夜袭，或在波斯人寻找粮食时发动进攻，大流士一世军队的境况日益险恶。大流士一世认为，撤兵没面子，继续与对方打持久战，又耗不起。在大流士一世纠结撤兵还是打持久战时，西徐亚国王派使者送来一份礼物：鸟、鼠、青蛙各一只和五支箭。大流士一世认为，鼠是土中物，青蛙是水中物，代表西徐亚人愿意献出自己的土地和水；箭则说明西徐亚人献出他们的武力，表示愿意投降。一位大臣则认为，西徐亚人所送礼物的意思与大流士一世认为的恰好相反，礼物表达的是：假如波斯人不能像鸟一样飞上天去，或像鼠一样钻进地里，或像青蛙一样跳到湖里，那他们就会死于这些箭下，永远别想回家。

波斯军队人困马乏、缺少粮食，还常常遭到袭击，大流士一世只好下令撤军。西徐亚人得到消息后，料想波斯军队是向多瑙河方向而去，于是连夜走捷径挺进到多瑙河边。多瑙河面上停靠着希腊舰队，西徐亚人与希腊人谈判，把大流士一世失败逃亡的消息告诉对方，希望他们拆毁渡桥，回国过自由的生活。断绝波斯军队的后路，希腊人担心大流士一世秋后算账，而现在又直接面对西徐亚人的威胁，该怎么办呢？最终，希腊人答应了西徐亚人的请求，不过他们留了一手，仅在桥头拆除了一部分。希腊人答应请求后，西徐亚人就返身去攻击了波斯军队。可惜人算不如天算，他们走了错路，没能迎头遇到波斯军队。

波斯军队撤退到多瑙河边时已是深夜。当他们探明岸边一段渡桥已被拆除时，不知怎么办才好，军心顿时大乱。幸亏大流士一世手下有一个埃及侍从，此人嗓门洪亮。大流士一世命令他向对岸喊话，希腊人听到后驾船来到了岸边，把拆掉的一段桥体修复好。最终，波斯军队到达多瑙河右岸，然后灰溜溜地回国了。

波斯帝国国王列表

| 国王名字 | 统治时间 |
| --- | --- |
| 居鲁士二世 | 约公元553年—前530年 |
| 冈比西斯二世 | 公元前530年—前522年 |
| 巴尔迪亚 | 公元前522年 |
| 大流士一世 | 公元前522年—前486年 |
| 薛西斯一世 | 约公元前486年—前465年 |
| 阿尔塔薛西斯一世 | 公元前465年—前424年 |
| 薛西斯二世 | 公元前424年—前423年 |
| 苏格达努斯 | 公元前424年—前423年 |
| 大流士二世 | 公元前423年—前404年 |

| | |
|---|---|
| 阿尔塔薛西斯二世 | 公元前404年—前359年 |
| 居鲁士三世 | 公元前404年—前401年 |
| 阿尔塔薛西斯三世 | 公元前358年—前338年 |
| 阿尔塔薛西斯四世 | 公元前338年—前336年 |
| 大流士三世 | 公元前336年—前330年 |

## 希腊最杰出的古建筑群：雅典卫城

雅典的黄金时代，是雅典全盛的时期，也是整个欧洲最为辉煌的时期之一，这段历史发生在公元前 480 年到前 430 年之间。

公元前 499 年至前 449 年，希腊城邦与波斯帝国间爆发了战争，双方打打停停，各有胜负，其中著名战役有马拉松战役、温泉关战役。能在战争期间，把城邦推向辉煌，这个人绝对不简单，他就是伯里克利。

波斯第二次入侵希腊时，雅典遭到了波斯人的焚毁。然而，雅典人并没有气馁，反而振奋精神，决定在废墟上重新建造一个更加美丽的城市。在此过程中，雅典的领袖伯里克利发挥了重要作用。伯里克利是一位演说家和备受人民群众欢迎的领袖。他充分发挥了自己的领导能力，鼓舞人心，号召居民齐心协力，认为好的做法就要不折不扣地去执行。形象地说，他就是一位足球队长或橄榄球队长，带领自己的团队取得了极其出色的成就。在伯里克利领导期间，出现了许多杰出的人才，如艺术家、作家和哲学家。

艺术家和建筑师设计和建造出漂亮的房屋、剧院以及寺庙，还将神像巧妙地安置在城市的建筑物上和城市的其他地方。哲学家负责教育民众怎样变得聪明、善良。作家创作出优美的诗歌和戏剧，满足人们的精神生活。

那时的戏剧与今天我们的戏剧有所不同，基本上都是在讲述希腊众神的故事。作为演出场所的剧院也建设得与今天不同。剧院是露天的，坐落在山丘的一侧，舞台很大，正好对着观众的看台。雅典人基本不会对舞台布景，剧院里也没有乐队，而是采用合唱的方式为演出伴奏。演员不是化妆或素面出场，而是戴着面具来展示人物角色的喜怒哀乐，如表达滑稽可笑时戴上咧着嘴笑的面具，表达悲伤情绪时戴上愁眉不展的面具。

在雅典的黄金时代，建筑最为著名，主要有帕提侬神庙、山门、雅典娜胜利女神庙和伊瑞克先神庙。

雅典娜是希腊神话中的一位女神，雅典人把她视为守护神，为她建造神庙是必不可少的，神庙名叫“帕提侬”，坐落在阿克罗波利斯的山顶。“帕提侬”在希腊语中的意思是“处女的卧室”。

帕提侬神庙建造工程始于公元前 447 年，在公元前 432 年完成。古希腊杰出的建筑师伊克提诺斯和卡里克拉特斯负责帕提侬神庙的建筑和设计，菲狄亚斯则负责神庙的装饰和雕刻。帕提侬神庙总体呈长方形，长约 70 米、宽约 31 米，外观由前后各 8 根、左右各 17 根多利克式的洁白大理石柱构成柱廊，柱高 10.5 米，令人肃然起敬。帕提侬神庙内分前殿、正殿和后殿。在用白色大理石砌成的 92 堵殿墙上，菲狄亚斯及其同事精细地雕刻着栩栩如生的各种神像和珍禽异兽。殿墙的上部缀有总长约 160 米用大理石雕成的饰带，把有众神参加的欢乐的游行队伍生动地表现出来，浮雕的人物形象总数共达 550 多个。

东西庙顶的人字墙，饰有描述希腊古代神话内容的大理石浮雕。东面的人字墙上的一组浮雕，描写的是戎装打扮的雅典娜女神从众神之王宙斯的头部诞生的故事。西面人字墙的浮雕，表现的是雅典娜女神和海神波塞冬争做雅典保护神的故事。希腊建筑家把几何学知识应用到了神庙的建造上：庙宇每两根大理石柱之间的距离和柱子直径的长度之比均为 9 ∶ 4，柱座的四条边线是弧形的。整个帕提侬神庙的结构相当严密，比例十分协调，浑然构成一体。

帕提侬神庙的中心竖立着雅典娜雕像，高达 12 米。在古希腊，雅典娜雕像有不少，姿态多不一样，而帕提农神庙中的雅典娜神像更是与众不同，庄严富丽。雕像外贴金叶或镶象牙。女神头戴黄金战盔，身着黄金薄叶贴面的战袍，护胸上的镜面镶嵌着蛇发怪女美杜莎的头像，左手举着长矛，右手持着胜利女神尼凯，身旁摆放着一个巨蛇盘绕的圆形女神盾。这座以黄金和象牙雕刻的女神像，体现了雅典城邦在伯里克利统治时期的繁荣。不幸的是，这座华丽的巨像已经被完全毁坏，现在我们只能通过复制品一睹她的风貌。

另外，卫城的山门、雅典娜胜利女神庙和伊瑞克先神庙也建得美轮美奂。

盛极必衰，任何人或事物都无法逃脱，雅典亦如此。打败雅典黄金时期的不是战争，不是内讧，也不是地震，而是瘟疫。当瘟疫袭来后，伯里克利也未能幸免。随着伯里克利死亡，雅典的黄金时代结束，雅典人为了纪念这位伟人，也把黄金时代称为“伯里克利时代”。

## 他为哲学而生，也为哲学赴死

公元前399年，雅典市民法庭审理了一桩不寻常的案件，被告是一位70岁的老人。别看老人白发苍苍，面对500名陪审团成员，他沉着冷静，眼里充满睿智。三名起诉人中，一个是出身皮匠的政客，一个是年轻而不知名的悲剧诗人，一个是不知名的修辞学家。

起诉人给老人列出三大罪状：第一，研究天文学；第二，腐蚀年轻人；第三，不尊重国家崇拜的神，信仰新神。

老人对此一一进行反驳，否认自己有罪，还顺便嘲讽了一下检察官和陪审团。检察官和陪审团听出了老人话里有话，便判处老人死刑。这次审判，在雅典城邦的历史上留下了耻辱的一页，因为他们处死了一位伟大的哲学家——苏格拉底。事实上，对苏格拉底的三项指控都没有具体证据，这些指控也是当时对哲学的攻击。

苏格拉底是古希腊最著名的哲学家之一，在西方哲学史上有着无可争议的重要地位。古罗马哲学家、演说家西塞罗曾说，苏格拉底“把哲学从天上召回，放在城邦里，引进家庭里，让探索人生、道德、善恶成为一件必需的事情”。在苏格拉底之前，古希腊的哲学是“宇宙论”的时代，当时的哲学家们喜欢仰望星空，谈论一些玄而又玄的东西，希望为万物找到本源。而苏格拉底注重关注自己，认为只有充分了解自己，才能知道想要怎样的生活，未经审视的人生不值得过。可以说，苏格拉底一直在为“认识你自己”而奔波。为此，他装出一无所知的模样，到人多的地方请教别人与“认识你自己”有关的问题。当对方给出他答案时，他常常把对方驳得漏洞百出。他的行为引起了很多人的不满，激起了很多有学问的人的仇恨，并最终导致了对他的审判。

审判时，苏格拉底说：“你们再也不会找到另外一个像我这样的人，希望你们免了我的罪。当然，我不是为自己辩护，而是为你们……只要我的生命还在，我将永不停息地为‘认识你自己’而奔走……你们可以释放我或不释放我，无论你们怎样做，我初心不改。”

苏格拉底说完后，500 人议会进行投票表决，结果 280 人投了有罪的票。按当时的规定，要由原告和被告各自提出一种刑罚，然后由法庭判决。

苏格拉底接着说：“如果我严格地公正地提出对我的恰当惩罚，那么我建议由国家出钱养我。”苏格拉底提议如果交罚金的话，只交 1 明那罚金，因为自己没有多余的钱。

当他听到法官判他死刑后，没有像其他犯人一样害怕，他从容淡定，当着大家的面说：“死亡不是一件坏事，因为死亡就像进入了一个无梦的沉睡

之地，一切感情都终止了，这不是损失。古代的诗人、英雄、哲学家都在那里，我要和他们对话、辩论。这是多么美好的事情啊！没有什么能伤害一个好人，无论是在他生前还是死后。对我来说，在这一刻死去，摆脱庸俗，也是一件好事。我不恨那些指责我，投我死刑票的人，但是他们故意害我，必然会遭到谴责。”

苏格拉底看了看法官、陪审团和起诉人，这帮人显得很尴尬，一个个低下头，不再说什么。苏格拉底整了整衣服，说：“该分手了，我会死，你们会活着。至于谁更幸福，只有天知道。”然后，苏格拉底悠闲地走向他的牢房，等待死亡。

正常情况下，判决应该立即执行，但由于宗教的原因，苏格拉底的死刑并没有立即执行。原来每年五月，圣船“帕拉洛斯”号要把祭品送往爱琴海提洛尔岛上的阿波罗神庙，往返的时间为 30 天。圣船的航行期是大斋期，禁止一切酷刑。苏格拉底被判处死刑时，恰恰是圣船起航的时间，这冥冥中又给了苏格拉底 30 天思考人生和未来的时间。

宝贵的 30 天中，克力同等人暗中运作，打通了关系，狱卒收了贿赂后，不再对苏格拉底严加看管。机会就在眼前，离开监狱就自由了，克力同等人也策划好了逃跑的时间和路线，催促苏格拉底逃跑。遗憾的是，他们所有的努力都泡汤了，苏格拉底拒绝这样做，还说：“法律尽管很丑陋，但我要维护它的尊严。”

圣船返回雅典了。苏格拉底把妻子和孩子送走后，继续和学生们讨论灵魂归宿的问题。不久，狱卒带来致命的毒酒。苏格拉底镇定自若，端起酒杯问道：“可以向神献一点儿吗？”狱卒说：“只够你用。”“我明白了。”苏格拉底举起酒杯，一饮而尽。在场的每个人都掩面而泣，为失去这样一位老师和好朋友而哭泣。苏格拉底对他们说：“你们怎么能这样做？

我把家人送走就是为了避免这样的场景。俗话说：临危不惧，视死如归。请你们坚强起来。”

听到这话，每个人都感到羞愧，他们强忍住眼泪，看着苏格拉底在牢房里来回走动。过了一会儿，他说腿麻了，就仰面躺在床上，用被子蒙着脸。过了一会儿，狱卒过来摸了摸他的身体，全身都凉了。突然，苏格拉底从被子下露出了脸，说道：“过来，克力同，我答应给克雷皮乌斯献一只公鸡。请别忘了帮我完成。”“当然。”克力同还说，“还有别的吗？”没有回答……

“这是我的朋友看到的最后一幕。”柏拉图在代表作《斐多篇》中描述了苏格拉底死亡的感人场景。“我可以毫无疑问地说，在我认识的所有同时代的人中，他是最聪明、最正直、最善良的人。”

## 古希腊历史纪事

| | |
|---|---|
| 公元前401年—前400年 | 希腊万人雇佣军参与小居鲁士与其兄阿尔塔薛西斯二世争夺王位的战争。 |
| 公元前399年 | 苏格拉底被判处死刑。 |
| 公元前395年 | 科林斯战争爆发；雅典开始重修“长城”。 |
| 公元前394年 | 克多尼斯海战，科农作为雇佣军将领率波斯海军大败斯巴达舰队，斯巴达失去海上霸权。 |
| 公元前390年 | 雅典名将伊菲克拉特首次率轻盾兵击败斯巴达重步兵。 |
| 公元前387年 | 柏拉图创建阿卡德米学园。 |

## 底比斯“圣军”，击败斯巴达勇士的部队

古希腊的斯巴达靠严苛的训练方式，建立了一支当时最为彪悍的步兵，并在数百年内一直所向披靡，打遍古希腊无敌手。在古希腊进入末期之际，城邦中崛起一支部队，比斯巴达的军队还要凶悍，这支军队就是底比斯的“圣军”。

在古希腊城邦中，除了雅典和斯巴达轮流担任领袖外，底比斯和科林斯一直想成为领袖，但一直被雅典和斯巴达压制。底比斯和科林斯中，尤其是底比斯，嫉妒雅典的强大，经常与雅典为敌。在伯罗奔尼撒战争期间，底比斯看到了机会，与斯巴达合作，对抗雅典。

两虎相争，必有一伤。最终，雅典战败，斯巴达获得古希腊的霸权地位，底比斯也从中获得好处，实力大大增强。随后，底比斯丝毫不顾在战争中结下的友谊，把矛头指向了斯巴达，导致两个城邦间矛盾不断升级。公元前395年，底比斯联合雅典、科林斯和阿戈斯反抗斯巴达，科林斯战争开始了。双方打打停停，直到公元前387年，斯巴达和波斯国政签订了出卖希腊利益的《安达尔基达斯和约》，这场战争才在波斯帝国的调解下结束。

之后，本应该是平静的日子，但底比斯却经常做出一些小动作。斯巴达并不纵容底比斯，公元前382年，他们突然派军占领了底比斯的古城堡卡德梅，并在那里建立了一个亲斯巴达的寡头政权。

公元前379年，底比斯的将领佩洛皮达斯带领一些人，化装成女人潜入

城中，暗杀了由斯巴达扶持的寡头。在城内与之接应的伊巴密浓达，立即率领军队包围了城内的斯巴达军队。斯巴达得知消息后，立即派兵镇压，但底比斯人固守城外要塞，避免正面决战。斯巴达人只好撤退，底比斯重新获得独立。

底比斯没有被胜利冲昏头脑，反而非常清楚，战胜斯巴达仅是一时的侥幸，要想彻底战胜对方，就必须组建一支比斯巴达步兵还要勇敢、凶悍的部队。公元前 378 年，底比斯的将军高吉达斯，在各军中经过严格筛选组建出了一支由 300 名勇士组成的部队，并取名“圣军”。

这 300 名年轻的底比斯勇士庄严宣誓，在敌人面前决不退缩，决不投降，必要时为国捐躯。他们两人一组，誓同生死，都是底比斯万里挑一的精锐。

底比斯“圣军”组建以后，在实战中确实超乎人们的想象，他们作战勇猛，很快就在古希腊城邦中声名鹊起。斯巴达知道后，决定趁底比斯还未发展壮大，直接发动进攻。公元前 371 年，斯巴达国王克莱昂伯罗图斯亲自率领 1.1 万大军征讨底比斯，底比斯军队只有 7500 余人。斯巴达人擅长“震慑冲击战术”，就是所有士兵手持长矛同时冲入敌阵，一举冲垮对方。为了对抗斯巴达的这种战术，底比斯统帅伊巴密浓达设计了一种新的“斜形战斗队形”，其中“圣军”是核心突击力量，猛攻敌人的右翼，使其出现混乱，主力则趁机发起进攻。

双方在留克特拉交战时，底比斯“圣军”率先发动攻击，打得斯巴达军队措手不及，一时间阵形大乱。接着，伊巴密浓达命令主力全线出击，斯巴达军队顿时全线崩溃。底比斯军队乘胜追击，歼敌 2000 余人，斯巴达国王克莱昂伯罗图斯战死，他率领的 400 名精锐斯巴达战士也全部牺牲。伊巴密浓达率领的普拉提亚联军只有 300 人阵亡。这场惨败使得斯巴达军队日后的战斗力大幅下降，底比斯“圣军”打出了威名。

此役之后，公元前362年，底比斯“圣军”在曼丁尼亚战役中再次打败斯巴达联军，尽管伊巴密浓达战死，但“圣军”彻底结束了斯巴达在希腊的霸业，底比斯取而代之，成为希腊诸城邦的新霸主。

在接下来的几十年中，底比斯军队以“圣军”为突击力量，获得惊人的战绩。这支以勇气、英雄主义和纪律闻名的部队成为古希腊军事历史上的传奇。然而，当古希腊北方的马其顿迅速崛起，并建立强大的军队后，底比斯“圣军”遇到了强劲的对手。

马其顿王国受希腊文化的影响甚深，国王腓力二世曾在底比斯待过，与“圣军”有过长时间接触，回国成为国王后建立了一支强大的职业部队。在腓力二世带领下，马其顿王国迅速对外扩张，意欲征服全希腊。底比斯和雅典组成联盟，共同抵御腓力二世。公元前338年，双方在普拉提亚境内的喀罗尼亚展开决战，腓力二世和他的儿子亚历山大利用骑兵，打垮了底比斯和雅典联军。在马其顿骑兵的面前，“圣军”失去了优势，但300名勇士毫不畏惧，殊死拼杀，直至全部阵亡。

“圣军”虽然全军覆没，但他们的勇气赢得了对手的尊重。罗马时代的希腊历史学家普鲁塔克曾描述：“胜利后的腓力二世视察战场，停在300名勇士的尸体前，看到每个战士的胸前都有致命的伤口，每两具尸体都紧紧地挨在一起，他知道这就是著名的由勇士组成的‘圣军’。他含着眼泪说道：‘无论是谁，只要怀疑他们的行为或经历，都是卑劣的，都应该被毁灭。’”

## 古希腊历史纪事

| | |
|---|---|
| 公元前384年 | 亚里士多德出生于色雷斯的希腊殖民地斯塔基拉。 |
| 公元前382年 | 斯巴达军攻占底比斯卫城。 |
| 公元前376年 | 纳克索斯海战，雅典重新掌握爱琴海制海权。 |
| 公元前359年 | 马其顿的腓力二世摄政，雅典与马其顿结盟。 |
| 公元前338年 | 喀罗尼亚战役，希腊城邦联军惨败于马其顿。 |
| 公元前337年 | 第二次科林斯会议，组建以马其顿为首的希腊同盟，并向波斯宣战。 |
| 公元前323年—前322年 | 拉米亚战争，希腊反马其顿联盟惨败。 |

# 母狼喂养双胞胎兄弟，世界史上才有了罗马

特洛伊城被希腊联军攻破之后，有些人死里逃生，在伊尼亚的带领下，乘船漂流到意大利半岛。当他们从台伯河上岸后，发现这里土地肥沃，森林浓密，就定居了下来。伊尼亚的后代在这里建立了一座城市，叫亚尔巴龙伽。这是一片远离战争的世外桃源，人们安居乐业，日子过得挺幸福，伊尼亚后代一直统治着亚尔巴龙伽。

谁也没想到，不幸的事情将降临到亚尔巴龙伽城。国王依米多尔有个弟弟，叫阿穆留斯，一直觊觎哥哥的王位。哥哥对亲弟弟毫不设防，弟弟看准机会，把依米多尔赶下了王位。在阿穆留斯看来，哥哥依米多尔无能，就没有杀死哥哥。但阿穆留斯又怕哥哥的后代报仇，于是把毒手伸向了哥哥的儿子，杀了自己的亲侄子，然后又逼迫自己的侄女西里维亚去神庙里当女祭司，而女祭司终身不能结婚。阿穆留斯认为，这样一来，哥哥绝后了，自己的王位也就稳定了。

人算不如天算，阿穆留斯想得再好，也仅是他一厢情愿。一天，战神玛尔斯路过神庙，喜欢上了女祭司西里维亚。西里维亚很快怀孕，生下一对双胞胎儿子。阿穆留斯听到这个消息后，以玷污神庙的圣洁为名，处死了西里维亚。那这两个孩子怎么办呢？阿穆留斯叫来女奴，让她用篮子把双胞胎扔到台伯河里。当时，台伯河白浪滔天，女奴不忍心把孩子扔到河里，就把装孩子的篮子放到了河边。

说来也巧，一头母狼到河边喝水，听到哭叫声，便奔到了孩子们身边。看到两个孩子嗷嗷待哺，母狼眼里露出了慈爱光芒，它曲下身子，乳头刚好落在孩子嘴边，俩孩子含住乳头吮吸起来。孩子吃饱后，不再哭泣，便睡着了。以后，母狼像一位尽职尽责的母亲常给两兄弟喂奶。树上的啄木鸟也会叼来鲜嫩的果实喂给孩子吃。一个牧人看到这一幕，就把两个孩子悄悄带回家里抚养，两个孩子也有了名字，哥哥叫罗慕路斯，弟弟叫勒穆斯。

兄弟俩长大后，成为一对健壮、勇敢的青年。罗慕路斯和勒穆斯因一个偶然的机会与外公依米多尔相遇，得知了自己身世。决定为自己的亲人报仇，他俩领导亚尔巴龙伽城人民起义，推翻了残暴的阿穆留斯，把政权还给自己的外公依米多尔。随后，兄弟俩同追随者在台伯河旁的帕拉丁山上建造了一座新城。

有了新的据点，谁来管理它呢？用谁的名字来命名这座新城呢？兄弟俩发生了争执，谁也不肯让步。后来，两人达成了协议：用飞鸟来问神的旨意。兄弟俩各坐一方，等候吉兆。勒穆斯先看到 6 只飞过的鹞鹰。过了一会儿，在闪光和雷声中，有 12 只鹞鹰从罗慕路斯身边飞过。勒穆斯说神鸟先向自己显现，自己赢了；罗慕路斯却说，自己看到的鹞鹰是勒穆斯的两倍，自己应该是新城的统治者。两兄弟相持不下，争吵进一步升级，发展成冲突。哥哥罗慕路斯一怒之下杀死了弟弟，罗慕路斯就成了新城的最高统治者。这个城市也就用他的名字来命名，叫作罗马。传说这件事发生在公元前 753 年 4 月 21 日，古罗马人便把这一天作为开国纪念日。

兄弟俩为争新城的管理权和冠名权，本来可以用友好的方式收场，但在权力和荣誉驱使下，暴露出了人性的弱点，弟弟也为此葬送性命。

罗慕路斯为了增加城里的人口，拼命招徕别的部落的移民。移民是来了不少，但大多数是一些逃亡者、流浪汉、流氓、盗贼，谁也不愿意把姑娘嫁给他们。为了解决男多女少的问题，罗慕路斯想出了一个计策。有一天，他向邻近的萨宾人发出邀请，说罗马要举行盛大的节日宴会，欢迎大家前来参加。萨宾人不知是计，男女老少来了很多。正当萨宾人玩得高兴时，罗慕路斯发出信号，罗马的男人们立即动手，抢走了他们早已看中的姑娘，带回到自己的家里成亲。萨宾人既惊恐又愤怒，发誓要血洗罗马。

一年之后，萨宾人和罗马人在一个峡谷中展开一场会战。战斗非常激烈，双方大量勇士倒在了地上，再打下去，死伤者更多。这时，从山上冲下来一群已被抢到罗马的萨宾妇女。她们泪流满面，有的抱着婴儿，伏在战场的尸体上放声哭喊有的跪在地上，苦苦哀求双方停战。罗马和萨宾的战士被这种场景感动了，双方放下武器，彼此和解。从此，这两个部落合而为一，世世代代居住在罗马城。据说，罗慕路斯当政39年，死后被罗马人当作天神敬奉着。

传说不是真实的历史，但是从中也可以看到某些真实历史的影子。比如说，亚尔巴龙伽城确实存在过，罗慕路斯建城于帕拉丁山上，这恰好是第一批移民出现的地方。关于母狼哺乳婴儿的传说，一方面说明罗马城建立在人迹罕至、野兽出没的荒野，另一方面也反映出罗马人的祖先曾经历过母系氏族社会阶段，当时有的氏族可能以狼作为图腾。

## 古罗马历史纪事

**公元前753年** 罗慕路斯和勒穆斯建立罗马城市，标志罗马王政时代的开始，罗慕路斯成为第一任国王。

**公元前753年—前715年** 国王罗慕路斯在位。

**公元前715年—前673年** 国王努玛·庞皮留斯在位，创建元老院和祭司团。

**公元前672年—前641年** 国王托里斯·奥斯蒂吕斯在位。

**公元前641年—前616年** 国王安库斯·玛尔提乌斯在位。

**公元前616年—前575年** 国王卢修斯·塔克文·布里斯库在位。

**公元前575年—前535年** 国王塞尔维乌斯·图利乌斯在位。

# 第四章

## 帝国梦想

## 湮灭的帝国，逝去的辉煌

## 活着征服世界，死后不知所终

一个国家的发展好比人的一生，常会经历幼年、青年、中年、老年几个阶段。公元前4世纪的古希腊，已经走过中年进入老年，而它的邻居马其顿正值青壮年期，想要通过扩张领土来获取更多的财富和利益。公元前338年，马其顿国王腓力二世把目标对准了古希腊。这场较量就像小伙子与老者在擂台上对决，结果可想而知。老迈的古希腊被马其顿击败，失去了科林斯、底比斯、雅典等地，基本被马其顿收入囊中。随着马其顿实力的增强，腓力二世的野心越来越大，树敌也越来越多。公元前336年，腓力二世在女儿的婚礼上被刺身亡。

腓力二世死了，他20岁的儿子亚历山大继承王位。亚历山大从小就特别崇拜《荷马史诗》里的英雄，在他能上马鞍之时，父亲腓力二世就带着他南征北战。经历过一次次战争洗礼的亚历山大，磨砺出了刚毅的性格，拥有把世界装进心中的格局。

继位后，亚历山大拒绝了美女如云、美酒飘香的生活。公元前334年，亚历山大喊着“向波斯人复仇”的口号踏上了征途。在他的带领下，马其顿军队势如破竹，打得波斯军节节败退。波斯帝国幅员辽阔，他要不断地进攻。不久后，亚历山大带领军队打到了一个小镇上。这个小镇上的一个寺庙里有根绳子，闻名遐迩，因为它被打了一个非常复杂难解的结——戈尔迪之结，据神谕说打开这个结的人会征服整个亚洲，但一直没人能解开它。

亚历山大听到这个事情后，马上来到寺庙查看绳结。他一眼就看出这是一个解不开的死结，所以没像其他尝试解开绳结的人那样费心费力地去解，而是直接挥剑把绳结砍成了两半。由此，留下了“斩断了戈尔迪之结”这一话语，以表达一个人面对难题能快速利落地解决而不纠结。

从此以后，亚历山大攻下一座座城市，从没在重要战场上失败过，直到整个波斯都被他征服。公元前 332 年，他进军埃及，当时埃及是波斯的一部分。最终，埃及也被亚历山大攻克。亚历山大在尼罗河口兴建了一座城市，并命名为亚历山大，来庆祝这次胜利。公元前 330 年，亚历山大灭亡了波斯帝国。

亚历山大在任何地方都待不久，他总是一直想着行进。他喜欢看到新地方，征服新的民族。

此后，马其顿军队来到中亚。公元前 329 年越过兴都库什山，3 年多扫平中亚。公元前 326 年，亚历山大挥师南下，向印度进发。后来，由于难以适应炎热气候，大批士兵死于疫病，士气低落，甚至军心也渐渐动摇，亚历山大不得不撤兵。

公元前 325 年，马其顿军队一路由海军将领涅阿库斯率领从海路撤退，回到巴比伦；另一路则由亚历山大亲自带队，穿越伊朗高原南部人迹罕至的荒漠，经过古老的格德罗西亚，到达苏萨。

在苏萨，亚历山大下令让自己的将士和亚洲女子结婚。据说，在一场盛大的结婚典礼上，有 80 名将军和 1 万名士兵与亚洲女子结婚；而亚历山大自己则与大流士三世的长女巴茜妮结婚。此外，亚历山大还鼓励西方人在东方寻找他们的伴侣。在他看来，这是让西方和东方融合的重要措施。同时，亚历山大也在自己的军队中大量招收亚洲人，教他们马其顿的方阵战术。在宗教方面，亚历山大极力将希腊神话和东方的宗教信仰结合在一起，在许多地方建立了教堂。

公元前 324 年春，亚历山大率领军队回到巴比伦城。他认为，这座古城最适合作为帝国的政治中心。10 年的征战至此结束，一个前所未有的庞大的亚历山大帝国崛起了，它东到印度河流域，南到尼罗河流域，西至希腊，北抵中亚。但好景不长，公元前 323 年夏，亚历山大在巴比伦患上重病（据说是疟疾），最终不治而亡，年仅 33 岁。

亚历山大死后，他的部将托勒密在埃及建立托勒密王朝，自封为托勒密一世，首都定在亚历山大当年亲自下令建立的亚历山大城。据传，托勒密听说亚历山大的遗体葬于哪里，哪里就兴旺昌盛，于是就把亚历山大的灵车截了，安葬在亚历山大城，并为他建造了一座富丽堂皇的陵墓。当然这只是一个传说，至于亚历山大到底葬在哪里，目前仍是不解之谜。

## 马其顿历史纪事

| | |
|---|---|
| 约公元前700年 | 佩尔狄卡斯一世率领自称为马其顿人的一个民族从哈利阿科蒙河畔东迁，定都埃盖（埃泽萨），创建了阿吉德王朝。 |
| 公元前6世纪 | 阿敏塔斯一世统治时期，马其顿的势力已经向东越过阿克休斯河，征服了当地的色雷斯各部族。 |
| 公元前5世纪末 | 马其顿开始介入邻国事务，国都移至下马其顿的佩拉。 |
| 公元前4世纪中叶 | 希腊半岛北方的马其顿王国兴起。腓力二世为王时，加强中央集权，改革军制。 |
| 公元前338年 | 腓力二世大举南下，在喀罗尼亚战胜希腊城邦联军。马其顿成为全希腊的实际霸主。 |
| 公元前336年 | 腓力二世被刺身亡，其子亚历山大继承王位。 |
| 公元前334年 | 亚历山大东征。 |
| 公元前331年 | 亚历山大在埃及建城。高加米拉战役中大败波斯。 |
| 公元前330年 | 亚历山大灭亡波斯帝国。 |
| 公元前326年 | 亚历山大进入印度。 |
| 公元前323年 | 亚历山大去世。 |

# 冷兵器时代的“核”武器：马其顿方阵

荷马时代，步兵的战斗毫无章法可言。有些士兵杀红了眼，不分敌我，见人就砍，举枪就刺。指挥官们面对这种场面，也是束手无策，即便有制止的心，也没有行动的胆，他们担心会死在自己人的刀剑下。后来，古希腊出现了重装甲步兵，但由于穿得笨拙，缺乏机动性和灵活性。斯巴达虽然建立了一支强悍的陆军，但也不懂得兵法战策，拼的是个人英雄主义。马其顿崛起后，吸取古希腊重装甲步兵的经验，创新性地发明了“马其顿方阵”。

亚历山大曾凭借方阵，打败了许多对手。公元前 331 年，亚历山大指挥 5 万军队，在巴比伦以北的高加米拉地区，与波斯近百万军队进行决战。这一场战争是关系国运的一战，波斯帝国做足了功课。双方交战后，马其顿方阵如同一把利剑，直接插入对方的心脏，波斯军队惨败。

马其顿方阵由常备步兵、轻装步兵、重骑兵、辅助兵几部分组成。

常备步兵：数量最多，每人配备一根马其顿长矛（先期长约 13—14 英尺[①]，后期超过 18 英尺），另外配有直径 2 英尺左右的圆盾作为防身之用，也有互相保护身边战友的作用。

轻装步兵：所使用的矛相对要短一些，防身用的盾直径要大很多（足可以遮住蹲着的士兵全身），盔甲比较轻，具有较强的机动性和灵活性。

重骑兵：每人手持一根马其顿长矛、一把利剑。未交战时，把长矛扛在

①英尺：1 英尺合 0.3048 米。

肩上，矛尖稍向下；冲锋时，长矛向下方敌人猛刺下去。刺死敌人后，暂时不将长矛拔出，而是用手里的刀剑继续战斗，战斗结束后再找回长矛。

辅助兵：是轻装甲或无装甲的士兵，以标枪、弓箭、石器为主要兵器，非常灵活、机动。可随时增援各作战不利的方队，与现在的预备队比较相像。

一般情况下，马其顿方阵由 64 名甲兵组成一个排，128 人则组成一个连，256 人则组成一个营，1024 人则组成一个团，4096 人则组成一个师。这套初级方阵除了重步兵外，还有 2048 名轻装盾兵，以及 1024 名辅助兵和一个 1024 人的骑兵团，总计达到 8192 人。每个联合方阵则由四个初级方阵组成，相当于现代一个小型的野战军，总共有约 3.2 万人。

古希腊重装甲步兵在自我保护方面的确不错，马其顿人为了提高进攻效率，对士兵的装备进行了改进，大大减轻了士兵的负重，增加了士兵的灵活性和机动性。这样做的优点和弱点都非常突出，弱点是容易被敌方突破，优点是战斗力超强。进攻是最好的防守，马其顿方阵可以用进攻的方式弥补了自身的弱点。

马其顿方阵必须和骑兵密切配合，单靠方阵很难取胜。发动攻击前，会根据敌人的进攻重心，把方阵排成直角三角形或直角梯形，每个士兵之间保持一定的距离。发动攻击时，方阵前面 4~6 排的士兵将矛头对准前方，整个方阵跑步向前推进，就像一把攻城锤猛烈地冲击敌人的队伍。到达敌方面前时，方阵前 4~6 排的士兵形成一道坚固而密集的矛墙，就像鱼叉般刺向敌军，能将敌军的进攻压回去。方阵后面和中间的士兵则需要举起盾挡住射来的弓箭，或是用肩膀推动前面的士兵。

为了保护方阵侧翼和后方，战斗开始前轻装长矛兵会排成横队，每行大约 8 人，在方阵的后方组成纵深阵形，侧翼也会配置一些骑兵和轻装长矛兵。

马其顿方阵在当时所向披靡，令敌人闻风丧胆，甚至不敢与其交战。亚历山大正是依靠它，成为世界上杰出的征服者之一，在短短 13 年内，创造了冷兵器时代的战争奇迹。导致马其顿方阵失去战场优势的主要原因是投射武器的进步。弓箭的杀伤力增强，以及投枪、投石等投掷军械的发展，都使得敌人可以远距离对马其顿方阵进行攻击。

## 马其顿历史纪事

**公元前276年** 安提柯·贡纳塔被马其顿军队拥立为王，建立安提柯王朝。

**公元前229年—前228年** 雅典和整个伯罗奔尼撒半岛相继摆脱马其顿的羁绊。

**公元前220年—前179年** 腓力五世企图重新君临整个希腊，并且在伊利里亚和小亚细亚扩张，与逐渐向地中海东部渗透的罗马发生冲突。

**公元前215年—前205年** 第一次马其顿战争，罗马与马其顿均未取得决定性胜利，以签订大体维持现状的和约告终。

**公元前200年—前196年** 第二次马其顿战争，腓力五世在辛诺塞伐利战役中战败，被迫放弃马其顿境外的所有领地。

**公元前171年—前168年** 第三次马其顿战争，腓力五世之子伯尔修斯在皮得纳战役中惨败。伯尔修斯被俘处斩。此后，马其顿不再作为一个独立国家存在，被划分为四个彼此分离但仍保持一定自治权的地区。

**公元前149年—前148年** 罗马镇压了马其顿人大规模的起义，将四个地区合并，使其和伊利里亚、帖萨利亚一起组成一个由罗马人直接治理的行省，即“马其顿行省”。

## 一群白鹅的示警，拯救了古罗马

有俗语说：“一鹅赛三虎。”鹅是警戒性很强的动物，不需要特殊训练，只要确定了领地，就会自动守护那片土地。

公元前753年～前509年，罗马处于“王政时代”。当时，罗马国王是国家的最高领袖，拥有非常大的权力。部分国王滥用职权、荒淫无度，甚至对人民实行残酷的统治。塔奎尼乌斯·苏佩布是最后一位罗马国王，他的统治备受诟病。他过着奢侈的生活，不关心人民的疾苦，对待供养他的臣民也缺乏基本的尊重。人们忍无可忍，最终联合起来，将其赶下了王位。这一事件标志着罗马“王政时代”的结束，罗马共和国建立。

共和国初期，罗马还很弱小，仅是台伯河畔的一个不起眼的城邦。虽然“罗马共和国”听起来很庄严，外表看起来很光鲜，但不同阶层之间实际上没有公平可言，统治阶层利用手中的权力和资源，想方设法从平民身上获取利益。

公元前390年，正当罗马内部的平民和贵族因分配问题产生激烈的斗争之时，居住在北边的高卢人趁火打劫，向罗马发动进攻。

高卢人在首领布伦努斯的指挥下，进军神速。在距离罗马城约5千米的阿尼奥河左岸，高卢军队与前来迎击的罗马军队展开了较量。高卢军队气势如虹，手持盾牌和长矛，向罗马军队冲来。罗马军队显然没有做好战斗的准备，仓促应战。为了防止被高卢人包围，罗马军队把阵势向两翼伸延，以便左右相互呼应。战斗中，高卢军队把罗马军队截成了两段，一鼓作气还把它的左翼赶到阿尼奥河里，其他罗马士兵见状无心恋战，狼狈逃窜。乱战中，许多罗马人死在高卢人的刀剑之下，只有少数人死里逃生，回到了罗马城。这一天是公元前390年7月18日，后来罗马把这天定为了国耻纪念日。

罗马军队败退进入了城内，但由于疏忽大意，罗马士兵没有及时关闭城门，导致高卢军队乘势进入城内。随后，高卢军队展开了对罗马城的攻击和对居民的抢掠、屠杀。最终，只剩卡庇托里山岗的要塞还在罗马人手里。

卡庇托里山岗位于罗马城的西南角，地势险要，周围有悬崖峭壁，难以攀登。山坡上建有供奉祭祀罗马城的保护神、众神之父朱庇特以及天后朱诺和智慧女神密涅瓦的神庙。

卡庇托里山岗虽然被围，但城外的援兵仍设法与山岗上的人取得联系。一位勇敢的青年在夜色掩护下，摸到了山岗悬崖峭壁的下面，想攀爬上去。不幸的是，他被高卢人发现了，布伦努斯从他口中逼问出了一些信息。随后，布伦努斯当天晚上就挑选一些敏捷、勇敢的高卢人，组成了一支偷袭队，并鼓动他们说："罗马人给我们指出了一条我们从前不知道的道路。这条路很艰难，但绝不是不可攀登的。现在是我们占领要塞的时候，我们要是从这里撤退，将是奇耻大辱。一个人很容易爬上去的地方，也可以一个一个地爬上去很多人。你们如果爬上山岗，攻占要塞，我保证给你们每个人发一笔丰厚的奖赏。”布伦努斯的话鼓舞了偷袭队。半夜时刻，偷袭队悄悄地攀上峭壁。快要登上山岗时，哨兵和猎狗都没有察觉到高卢人的行动，但就在这关键时刻，意外的事情发生了。

万籁俱寂的夜空里，天后朱诺神庙里的一群白鹅（这是奉献给朱诺的祭品），听到高卢人逼近的声音，突然“嘎嘎嘎”地叫了起来，并且拼命拍打着翅膀。白鹅的叫声惊醒了守将马尔库斯·曼利乌斯，他赶紧起来察看动静，发现了高卢人的偷袭队。他一个箭步奔向悬崖，用盾头把刚踏上山顶的第一个高卢人打下深谷，接着用剑刺进第二个高卢人的胸膛。这时，其他罗马士兵纷纷赶来增援，他们用剑、矛、盾牌、石头、投枪，甚至手、脚，把高卢人打下深谷。高卢人的偷袭计划破了产，卡庇托里要塞终于保住了。

第二天黎明，山岗的守卫者们被召集起来，机智勇敢的曼利乌斯得到了奖赏和酬谢：一天的口粮和酒。后来，他又荣获“卡庇托里的曼利乌斯”的光荣称号。

白鹅拯救了罗马的内城，它们的命运也因此发生了一百八十度的转变，不再成为朱诺供台上的祭品。罗马人把它们视为圣物，从国库中拨出专项资金，派专人侍候它们。不仅如此，罗马人每年还要抬着一只金鹅游行，以纪念它们。

高卢人对卡庇托里要塞的围困持续了 7 个月。罗马人尽管受到各种折磨，甚至把仅存的一点食物都吃光了，但还是坚守着要塞。后来，高卢人也苦于疾病流行，不得不同意和谈。最终，罗马元老院用 1000 磅黄金贿赂高卢人的首领，才使他们撤离罗马。

高卢人的入侵把罗马城彻底毁灭了。罗马人从惨败中吸取教训，重建罗马城，巩固了城防，同时内部也进行一系列政治和军事改革，从而使国力逐渐恢复并增强。

## 古罗马历史纪事

| | |
|---|---|
| 公元前509年 | 国王塔奎尼乌斯·苏佩布被驱逐，罗马共和国建立。 |
| 公元前283年 | 在瓦迪莫湖之战中击败了伊特鲁里亚人和柏依人。 |
| 公元前280年—前275年 | 皮洛士战争。 |
| 公元前267年 | 财务官的人数从4人升至6人。 |
| 公元前264年—前146年 | 罗马共和国和迦太基之间进行了三次大战，史称“布匿战争”。 |

# 消失的古罗马军团，竟出现在我国甘肃

公元前 53 年，罗马共和国的克拉苏头脑一热，挑起了对帕提亚帝国的战争。克拉苏是一个暴发户，靠在黑市上倒买倒卖积累了大量财富。有了钱后，追求社会地位，通过贿赂、钻营等手段，克拉苏一步步走上了权力巅峰。公元前 60 年，克拉苏与恺撒、庞培结成“前三头政治”同盟。与恺撒和庞培相比，克拉苏财大气粗、兵强马壮，但在对外扩张方面却不如他们。为了证明自己的实力，克拉苏选择东征。

打仗亲兄弟，上阵父子兵，克拉苏带上自己的儿子普布利乌斯，率领 7 个军团的步兵、数千名骑兵，渡过幼发拉底河，直扑塞列乌凯亚。帕提亚帝国的统帅苏雷纳认为，罗马军团气势汹汹，要是硬碰硬，恐怕自己不是对手，于是采取诱敌深入的策略，边打边撤退。

罗马军团小胜不断，克拉苏扬扬得意，自认为只要军队足够多，每个战士吐口唾沫就能淹死敌人，兵法战策都是无用的。在这种思想指导下，他命令军队紧紧咬住对方。一个在前面跑，一个在后面追，追着追着，罗马军团就进入美索不达米亚西部的沙漠地带。

沙漠是死亡禁区，克拉苏犯了兵家大忌，士兵干渴饥饿，一个个怨声载道。是继续前进，还是撤退？克拉苏还没意识到问题的严重性，帕提亚人便突然从四面八方袭来，罗马军团大败。克拉苏在夜色掩护下，逃到一座山岗上，帕提亚人随即追到山下。

苏雷纳声称要与克拉苏谈判。克拉苏信了，亲自带着随从进入帕提亚军营。对待敌人要像秋风扫落叶一般毫不留情。帕提亚士兵突然从埋伏处扑了上来，把克拉苏和随从全部砍死。接着，苏雷纳下达总攻命令，罗马士兵得知主帅克拉苏已死，军心大乱，再无斗志。这场战斗中，2万多罗马士兵被杀，1万多人被俘。克拉苏的儿子普布利乌斯带领第一军团的6000余人成功突围。这场战役被称为“卡雷战役”。

公元前20年，罗马帝国和帕提亚帝国签署和平条约。罗马帝国要求帕提亚帝国遣返在卡雷战役中被俘的罗马士兵及普布利乌斯。帕提亚帝国满口答应，把该遣返的人都遣返了，但就是没找到普布利乌斯和那6000余人的下落。后来，这件事也就不了了之。克拉苏的儿子带领的第一军团就像从人间蒸发了一样，他们是死是活再没人知道。

1947年，英国汉学家德效谦写了一篇题为《古代中国之骊靬城》的文章。文中提到，中国古代称罗马帝国为“骊靬”，后改称为“大秦”。外国人批量移民到中国，古代中国人喜欢用他们来自国家的国名，给移民的居住地命名。祁连山下有个骊靬城，这座城市就是用外国的国名而命名。因此，他认为在卡雷战役中突围的罗马第一军团很有可能来到中国。

东汉史学家班固在《汉书・陈汤传》中记载，公元前36年，北匈奴郅支单于在西北地区肆意侵扰，相继攻占了乌孙和大宛，对西域地区的安全构成很大的威胁。汉元帝派都护甘延寿和都护副校尉陈汤率军出征，西汉军队最终在康居地区打败了郅支单于的军队，同时他们发现一支奇怪的军队。《汉书・陈汤传》用“土城外有重木城”“步兵百余人，夹门鱼鳞阵，讲习用兵”对这支军队进行了描述。西汉军队击败了他们。为了安置这些俘虏，西汉在祁连山下专门给他们设立一个特区，即“骊靬”。骊靬又名犂靬，最早文献记录为公元前60年，早于克拉苏被击败的年代。此骊靬是否为彼骊靬，或者年代记录出现是否失误，仍需要考证。

随着时间的推移，骊靬人与汉人合并在一起。骊靬在中国历史上共存在了 612 年，直到隋朝时才并入番禾县。

历史学家对史书中记载的关键词“重木城”“鱼鳞阵”进行分析，认为只有罗马军队才使用。澳大利亚专家戴维·哈里斯对此做了深入研究，宣称这支奇特军队采用“鱼鳞阵”，就是克拉苏东征部队的残部。1989 年，一些历史学家对公元前 9 年绘制的地图进行深入研究后，推断出骊靬位于现今甘肃永昌南。

但有些人并不认同戴维·哈里斯的观点，他们认为“重木城”和“鱼鳞阵”并非完全属于罗马的军事艺术，中国古代使用编木和夯土为城，同时设置外城和内城很常见。此外，《左传》中就有记载使用过“鱼丽阵”，比罗马还要早。

由于在骊靬古城遗址发掘中没有取得有价值的发现，有学者认为，骊靬古城可能早就深埋地下，成为城下城。此外，虽然在骊靬古城 5 公里的杏花村、者来寨、焦家庄、河滩村等地发现一些面貌酷似欧洲人的居民，但 2007 年科学家通过鉴定当地人的遗传信息后发现，其 Y 染色体多为东亚本地固有类型，且大部分单倍型与罗马人没有关系。

公元前53年失踪的罗马军团是否团灭？残部是否来到了中国？又是否与当地人融合到一起？一切都还需要可靠的证据进一步证明。

## 古罗马历史纪事

**公元前214年—前146年** 罗马共和国和马其顿王国发生四次战争，称为“马其顿战争”。最终罗马战胜马其顿，马其顿成为古罗马的一个行省。

**公元前121年** 罗马征服并建立山外高卢行省，以确保到西班牙通路的安全。

**公元前105年** 西姆布赖人入侵，重创罗马军团。

**公元前104年—前100年** 盖约·马略连任五年的执政官。

**公元前83年—前82年** 苏拉与罗马民主党间爆发第一次内战。苏拉获胜，实行独裁统治。

**公元前63年** 西塞罗任执政官，粉碎平民派领袖喀提林企图夺权的阴谋。

**公元前60年前** 三头政治，恺撒、庞培和克拉苏缔结秘密同盟。

**公元前58年—前50年** 恺撒发动高卢战争，攻取外高卢。

**公元前54年—前53年** 首次对帕提亚帝国作战，克拉苏败死。

## 恺撒之死：到底是他杀还是自杀

公元前 44 年 3 月 15 日，对罗马帝国却非同一般，因为一件事，这一天被载入罗马的史册。

元老院大厅内，一切貌似与往日一样，尤里乌斯·恺撒正在处理公务。布鲁图和卡西乌走过来，向恺撒汇报相关工作，恺撒以常态接待二人。令人没想到的是，一把匕首闪出一道寒光，向恺撒刺去。

本能反应下，恺撒做出抵抗，但当看到自己最信任的朋友也参与其中时，他愣了一下，惊呼道："我亲密的朋友，布鲁图，还有你。"说完，恺撒身体一歪，躺倒在地上，身上的衣袍正好遮住脸。刺客像对恺撒怀有深仇大根一样，一通猛刺乱砍。最终，恺撒身中 23 刀，当场毙命。

恺撒，罗马共和国向帝国转型时期的权力巨头，他采取了一系列措施来

巩固自己的权力，在当时罗马社会的威望极高，地位也非常显赫。恺撒遇刺身亡后，元老院对外宣称，这是为维护共和国的利益，反对恺撒的专制统治而策划的刺杀事件。

恺撒被刺杀退出历史舞台，关心他死亡真相的人开始刨根问底，而后发现恺撒对自己将要遇刺并非毫无察觉但他没有采取对策，等着他们对自己捅刀子。这一惊人发现，在史学界引起轰动，大家再次把目光聚焦在恺撒身上。

恺撒出身于贵族家庭，论权势远不如庞培，论财产更不能与克拉苏相比，不过他为人机警，有雄才大略，政治野心绝不比庞培、克拉苏小。恺撒非常亲民，在平民阶层人气很高。公元前 62 年，恺撒当上大法官，次年到西班牙行省当总督。公元前 60 年，恺撒与庞培、克拉苏结成政治同盟，史称“前三头同盟”。就这样，恺撒一步步走向权力的巅峰。“前三头同盟”实际上是披着共和制外衣的“独裁”集团，是建立个人独裁之前的一个临时形式。

认为恺撒选择“自杀”，既不是故意制造热点，也不是异想天开，而是有一定事实根据的。

第一，玩政治就像走钢丝，稍不留神就会一脚踏空，跌入万丈深渊。有记载显示，当元老院授予恺撒“神圣统治者”的称号时，恺撒没有选择站起来以庄重的方式接受这一称号，而是坐在位置上一动不动，这让元老们极度尴尬。恺撒是一位非常机智、精明的政治家，他为什么要在元老院会议上故意羞辱和激怒他的敌人，是让他们萌生暗杀他的念头？

第二，一个巫师曾提醒恺撒，3 月 15 日这天不要出门。但是，恺撒像一个青春期叛逆的孩子，偏偏在这天出门了，还把自己的卫队给解散了。

第三，恺撒有完善的情报系统，渗透到罗马共和国的各个机构，有人要刺杀他，该情报系统一定会捕捉到信息。此外，在恺撒走向元老院时，有人还塞给他一张纸条，提醒他不要去，然而恺撒还是选择了前往。

第四，被刺前一天，恺撒和他的亲信在毫无征兆的情况下，讨论起“如何选择死亡方式”的话题。恺撒突然问道：“哪种死法最好？”大家纷纷表达自己的观点，恺撒也表示他想突然离开。当时，众人对他的这个表现感到非常费解。没想到隔天，他就遇刺身亡了。

另外，从恺撒自己的角度来看，他得到了想要的三样东西：死亡、不朽的声名和遗嘱中选定的接班人。然而，一个处于权力和荣誉巅峰的人为什么要一心求死呢？有专家认为，恺撒一心求死应该是出于健康问题。遇刺时，恺撒已经56岁，根据古代标准，他算是一个老人了。另外，恺撒患有严重的癫痫，这种病会导致病人在病发时忘记一切，同时还会大小便失禁，这对于一个追求荣誉的人来说是很难接受的，选择以遇刺的方式死亡也就不足为奇。同时，恺撒极为精明，预测到谋杀他的人不会篡夺他的权力，他的遗嘱会被执行，死亡事件也将为他带来哀荣。

最后，罗马是一个共和国，罗马人仇视帝王。尽管恺撒没有帝王的称号，但实际上已经掌握了帝王的权力，实行了独裁统治，还拥有“终身独裁官”的称号。恺撒内心渴望戴上王冠，虽然他曾多次拒绝。随着他的权力越来越大，威望越来越高，贵族们越来越担心他有一天会真的成为罗马的皇帝。最终，恺撒因刺杀身亡。

恺撒死后不久，安东尼发表了一份公开讲话，宣读了恺撒的遗嘱和尸检报告，刻意强调23处刀伤。人们听到后，深感痛苦和愤怒，他们在安东尼的带领下，烧毁了导致恺撒被杀害的元老院，并要求严惩凶手。

恺撒是最受后世喜欢的西方伟人之一，关于他被杀的真相虽已有定论，但后来的研究者所给出的观点，也是有道理的，认为这种死法符合恺撒的个性。

### 古罗马历史纪事

| | |
|---|---|
| 公元前44年 | 恺撒被刺身亡。 |
| 公元前43年 | 安东尼、屋大维、李必达结成“后三头政治”。 |
| 公元前42年 | 布鲁图与卡西乌斯在腓力比之战中兵败自杀。 |

## 嫁过两位罗马皇帝，埃及女王的人生很传奇

亚历山大征服埃及后，马其顿帝国需要一个可靠的人对埃及进行管理，于是，亚历山大手下的将军托勒密被委以重任，负责埃及的一切大小事务。公元前323年，亚历山大病逝以后，马其顿帝国迅速衰败，托勒密抓住机会，在埃及建立了托勒密王朝。此后200多年里，埃及一直掌握在托勒密家族的手中。

公元前51年，克娄巴特拉七世登上王位，这一年她18岁，正值花样年华。克娄巴特拉七世是托勒密王朝的最后一位女王，后世口中的“埃及艳后”指的就是她。

克娄巴特拉七世无疑是古埃及一位焦点人物，她的容貌倾国倾城。后世的记述里，这位美貌与智慧并存的绝代佳人，不仅保全了当时的王朝，还使

强国罗马的统治者心甘情愿为她卖命。但丁的《神曲》、莎士比亚的《恺撒大帝》等，均把这位传奇女人描述为“旷世的肉感妖妇”，萧伯纳也称她为“一个任性而不专情的女性”。

克娄巴特拉七世生活在奢华的宫廷里，与其兄弟姊妹一起接受最好的教育。她通晓多国语言，是托勒密家族中最具有灵性的人，年少时就获得了至高无上的权力。按照当时的惯例，克娄巴特拉七世将与同父异母的弟弟托勒密十三世成婚，共同统治埃及。但事实上，他们之间的关系并不好，一直在争夺权力。最终，克娄巴特拉七世失败，被赶出了埃及。然而，她并没有失去斗志，而是积极地在埃及和叙利亚边境招兵买马，组建自己的军队，随时准备攻入埃及。

在这期间，恺撒正与自己的政敌庞培激战，并因追击庞培而来到埃及。克娄巴特拉七世得知这一消息后，希望利用恺撒夺得埃及王位。于是，她将自己裹在一条大毯子中，命属下将毯子送给恺撒。恺撒收到这条毯子后，克娄巴特拉七世从里面走了出来，52 岁的恺撒看到眼前 21 岁的美人，顿时被她的美貌迷得神魂颠倒。克娄巴特拉七世很快成了恺撒的情人，托勒密十三世在与恺撒的战争中失败，溺死于尼罗河中。根据埃及王室规矩，克娄巴特拉七世在失去丈夫后，与异母兄弟托勒密十四世结婚，共同统治埃及。小丈夫大妻子，背后又有恺撒撑腰，克娄巴特拉七世成为埃及的实际统治者。

不幸的是，公元前 44 年，恺撒遇刺身亡。而后，克娄巴特拉七世毒死了托勒密十四世，立她与恺撒所生之子为托勒密十五世，共同统治埃及。

恺撒去世后，安东尼称雄于罗马统治区域的东方，埃及也同样掌握在他的手中。公元前 41 年，安东尼抵达塔尔苏斯，特意邀请克娄巴特拉七世前来见他。克娄巴特拉七世对恺撒生前的这位好友印象挺好，之后两人便坠入了爱河。

据传，克娄巴特拉七世乘坐着一艘镀金的大船，从埃及出发，先到西里西亚，再经后德诺斯河抵达塔尔苏斯。女王打扮成爱神阿芙洛狄忒的模样安卧在串着金线、薄如蝉翼的纱帐之内，侍卫、女仆们也分别扮成不同的神祇，陪同女王顺风而行。安东尼被邀请至船上参加盛宴，在克娄巴特拉七世迷人的风姿与优雅的谈吐面前，完全失去自我，并与她一起回到了埃及。

为了赢得克娄巴特拉七世的芳心，安东尼以国土相赠，把叙利亚中部、腓尼基沿岸的一些城市、塞浦路斯岛以及纳巴特王国的部分地区送给了心上人。正当克娄巴特拉七世事业、爱情双丰收之际，罗马帝国的统治之争也进入白热化。

屋大维是恺撒的甥孙和养子，管辖罗马帝国的东部；安东尼是恺撒的政治盟友，管辖西部。两人一东一西，各管各的地盘，按理说应该相安无事。但是，屋大维不仅继承了恺撒的政治遗产，还继承了恺撒生前的愿望——当罗马帝国的皇帝。屋大维要想如愿以偿，必须推倒安东尼。安东尼搞婚外情，被屋大维抓住把柄，并大做文章。民众得知英勇的将军成为埃及女王身边的懦夫，大失所望，安东尼的威信在罗马国内不断下降。

公元前31年，屋大维和安东尼进行终极对决，也就是著名的亚克兴战役。安东尼大败，全军覆没。公元前30年，屋大维进攻埃及，包围了埃及的都城亚历山大。安东尼看到大势已去，拔剑自刎。屋大维攻占埃及，住进了埃及王宫。对于克娄巴特拉七世，屋大维专门派人监视她，不久之后克娄巴特拉七世就自杀了。

关于克娄巴特拉七世的死，说法不一。有人认为，她知道自己风光不再，更不想成为屋大维凯旋仪式上的道具，于是命人偷偷送来一条致命的毒蛇，并让卫兵将一封遗书交给屋大维。当克娄巴特拉七世被人发现时，她已经死亡，两名侍女也被毒蛇咬死。也有人认为，她是用一把匕首割破了自己的手腕而死。持反对意见的人则认为这样的说法没有证据，因为在女王身体上找不到任何被咬伤或者刀割的痕迹。

女王究竟是怎么自杀的？已经无从知晓，但是对于前一种说法，民间一直流传着一个故事。传说屋大维攻占亚历山大城后，倾慕于女王的美貌，产生了私心，想霸占她。这件事被一个叫道拉培拉的将军知道了，他偷偷地告诉了女王，企图讨其欢心。女王知道真相后，产生了自杀的念头，她悄悄让人把毒蛇藏在装有无花果的篮子里，带入自己的住处，让毒蛇咬死了自己。这种说法，古书上多有记载，是否可信无法解释得清楚。

## 古罗马历史纪事

**公元前30年**　屋大维入侵埃及，埃及成为罗马的一个行省。

**公元前27年**　屋大维确立元首制，建立罗马帝国。

| | |
|---|---|
| 公元前19年 | 罗马帝国征服了西班牙。 |
| 公元前16年 | 屋大维出兵阿尔卑斯山东部和多瑙河上游，设雷蒂亚和诺里克两个行省。 |

## 克劳狄乌斯，其实大有作为

公元 41 年 1 月 21 日，罗马帝国皇帝卡利古拉由于不得人心，被近卫军长官杀了。由谁来继承皇位？元老院的元老们大伤脑筋。24 日，正当他们争得脸红脖子粗时，近卫军簇拥着一个人进入议事厅，当众宣布，他就是下一任皇帝。元老们定睛一看，大吃一惊，簇拥着的正是克劳狄乌斯，卡利古拉的叔叔。

门外的士兵高呼新皇帝的名字，声势一浪高过一浪，这明显是在向元老们施压。元老们心知肚明，谁也不想拿自己的命当儿戏，便齐声拥立克劳狄乌斯，争先恐后把元首惯有的头衔和权力授给克劳狄乌斯。就这样，罗马历史上第一位由近卫军拥立的“傻”皇帝，登上权力的顶峰。

公元前 10 年，克劳狄乌斯出生在高卢，父亲德鲁苏斯是该地区的总督。虽然出身高贵，但克劳狄乌斯的童年和少年，每一步都走得充满坎坷与不幸。他不仅身体有残疾，先天跛脚，还体弱、动作迟缓、说话口吃，因此饱受歧视、冷眼和嘲笑，是奥古斯都家族有名的“丑小鸭”。

据史料记载，克劳狄乌斯虽然面相痴呆，但在政治上颇有建树，在学术上也有自己独到的见解。在克劳狄乌斯没当上皇帝之前，罗马帝国外表看似强大，但国库早已空虚，整个国家都处在危险的境地。面对一个烂摊子，克劳狄乌斯表现出来的智慧、信心和意志令人赞叹。

克劳狄乌斯登上皇位后不久，把部分权力分配给了元老院，以此来缓和卡利古拉造成的皇帝与元老院的敌对情绪。安抚好元老院后，他倾听库里亚（氏族大会）和公民大会的声音，以此消除次级政治团体的背离行为。他还下令取消对被控叛国罪者的审讯，召回一些被放逐的元老，归还他们被没收的财产。同时，他还归还前任皇帝从希腊掠夺来的一些珍贵艺术品，拒绝使用皇帝头衔，称自己为“第一公民”，并经常出席司法审判，以确保司法的公正。

摆平政治团体后，克劳狄乌斯开始体恤民众，废除一些不合理的赋税，并采取向行省居民赠送公民权，提高他们的政治地位等一些实用的举措，赢得了民众的赞誉和好感。不仅如此，克劳狄乌斯还做了前任们都没做的事情，那就是允许高卢等后归化地区的贵族进入罗马元老院并担任行政官职，此前只有罗马公民和意大利公民才有资格担任元老院的行政官职。这是一项划时代的举措，继任者们也大都延续这一政策。

公元前 55 年，恺撒征服了不列颠岛，但没有在那里建立据点。而克劳狄乌斯在派普劳提乌斯和韦帕芗征服不列颠岛南部后，把它作为了罗马的一个行省，并命名为“不列颠尼亚”。这一举措让克劳狄乌斯在军队中具有了很高威望。克劳狄乌斯还修建了壮观的克劳狄亚水道，把水从 66 千米外引入罗马，为罗马城的发展做出了巨大贡献。

克劳狄乌斯统治时期，罗马全国发展得都还不错，虽然达不到“夜不闭户，路不拾遗”的盛世状态，但至少百姓安居乐业，贵族心满意足。人们常说，傻人有傻福，然而克劳狄乌斯最终却以悲剧收场。公元 54 年，克劳狄乌斯被妻子“邪恶的亚格里皮娜”杀害，目的是让她的儿子尼禄能登上皇位。

塞涅卡是当时罗马最著名的哲学家，他对克劳狄乌斯的评价前后矛盾。公元 42 年，塞涅卡在一封信里称赞克劳狄乌斯是“恺撒以后最好心的人”。不久后，他就变卦了，写文章讽刺克劳狄乌斯是暴君。历史学家也基本是一边称赞克劳狄乌斯宽厚仁慈，把国家治理得井井有条，赢得士兵和公民的喜爱；一边嘲笑他没有主见，听从妻子和奴仆们的意见，不像一个皇帝，更像一个奴仆。苏托尼乌斯在《十二恺撒传》里写道：“由于他（克劳狄乌斯）总站在他人的利益考虑事情，所以他自己决断的事情远远没有他的妻子和奴仆决断的多。”总而言之，同时代的历史学家大都倾向于否定他，认为他的确是不聪明。

那么，克劳狄乌斯到底是一个什么样的皇帝呢?

20 世纪上半叶，西方历史学界掀起一场大争论。一些人认为，以相貌取人是一种滑稽可笑的认知，克劳狄乌斯看起来的确傻乎乎的，但其实他是大智若愚。卡利古拉掌权期间，杀了很多潜在的竞争对手，克劳狄乌斯的傻很可能是为躲过杀身之祸而装出来的。

此外，罗马帝国统治者继位，也同现在国家元首就职一样，要举行就职演说或发表宣誓词。弗拉维王朝的韦帕芗、提图斯、图密善几位皇帝，都在宣誓词中说：“我将继承神君奥古斯都、提比略、克劳狄乌斯等人的治国理念……”这充分说明了罗马人对克劳狄乌斯的认可。因此可以说，克劳狄乌斯确实是一位有作为的皇帝。

### 古罗马历史纪事

| | |
|---|---|
| 公元14年 | 奥古斯都去世，传位养子提比略。提比略取消了公民大会的立法权和选举权。 |
| 公元37年 | 提比略病死于卡普里岛。 |
| 公元41年 | 卡利古拉被近卫军杀死，他的叔叔克劳狄乌斯继位。 |

## 弑母杀兄，火烧罗马，暴君尼禄的疯狂史

公元68年6月9日凌晨，一个人带着四名随从，骑着马悄悄出了罗马城，来到郊外的一所住宅。进入屋内后，为首的人颓丧地倒在一张小床上，不断地低声嗟叹：“一个多么伟大的艺术家要死去了！”叨唠一阵子后，他拿出事先准备好的匕首放在胸前，吩咐随从将他刺死。这个自称“伟大艺术家”的人是谁？死的方式很多，他又为何要让随从刺死自己？这个人就是历史上的暴君尼禄。

尼禄是皇帝克劳狄乌斯的儿子。尼禄的残暴，是他的母亲亚格里皮娜造成的。

皇帝克劳狄乌斯死后，亚格里皮娜如愿把儿子扶上皇位。按说此时亚格里皮娜当上皇太后，安安稳稳地度过余生也挺不错，但她是位权力欲极强的女人，想把儿子牢牢地掌控在手心里。

起初，尼禄对母亲的权势有所畏惧，但后来他开始对母亲表达不满。亚格里皮娜为了专权干政，不断对尼禄施加压力，并公开声称要用他的哥哥布列塔尼来代替他。尼禄听到这些话之后，内心充满怨恨，谋害了布列塔尼。此后，母子间的矛盾越来越尖锐。59 年，尼禄策划了一个弑母计划。当时，亚格里皮娜正乘船在外出巡视，尼禄派人暗中破坏她的船，想造成亚格里皮娜溺水而亡的假象。最终这个计划失败了，尼禄担心计划泄露，被母亲报复，于是一不做二不休，派人直接把亚格里皮娜杀了。

没有了母亲和哥哥，尼禄更加肆无忌惮。统治期间，尼禄经常举办大规模的宴会和游戏活动，并在这些场合中表现得极端奢侈和放纵。他还兴建豪华的宫殿和浴场，举行盛大的音乐和戏剧表演，甚至让宫女跳裸体舞。这些行为引起了当时社会的广泛批评。此外，尼禄也热衷于参加各种演出和比赛，他自称是诗人、歌手、琴师和角斗士，并常常在公共场合表演。

尼禄挥金如土，很快败光了父辈积攒的家底。为了解决财政困难，尼禄一边增加赋税，夺取各行省的神庙财产，一边以“侮辱尊敬法”等各种莫须有的罪名没收有钱人的财产。此外，尼禄还规定，如果死者没有将绝大部分遗产献出来，会被视为“忘恩”，遗产将全部没收。这样的法律也只有尼禄才能想得出来。对于反对他的政敌，尼禄也毫不犹豫地给他们扣一顶帽子，让他们成为恐怖政策下的牺牲品。

64 年，在罗马城内的一个竞技场里，突发大火，大火快速扩散，肆虐了长达九天。火灾的影响极其严重，罗马城 14 个区中只有 4 个区幸免于难，3 个区成为焦土，其余各区只剩下断垣残壁。作为皇帝，尼禄这时在干吗？他没闲着，在宫中欣赏烈火燃烧的景象，甚至还在宫廷舞台上大声吟唱有关特洛伊城毁灭的诗篇。

火灾之后，尼禄没有采取措施救助灾民，反而利用这场大灾难带来的破坏在帕拉丁山下建立了“黄金之屋”。这片建筑物不仅有金玉堆成的宫殿，还有林苑、田园、水榭、浴场、水池和动物园。尼禄看见后，惊叹道：“这才是人居住的地方！”尼禄的所作所为自然引起了人们的极度愤怒。不久就有传闻称是尼禄为了建造新城，放火焚毁旧城。消息传到尼禄耳朵里后，他对外宣称，基督教徒是这起大火的罪魁祸首，并处决了许多人。

“纵火犯”处死后，罗马人对尼禄暴政的怨愤并未消失，奴隶起义和平民暴动此起彼伏。65年，罗马贵族中的反对派利用罗马人的这一情绪，密谋趁尼禄去竞技场的机会将他杀死。密谋的带头人是位年轻人，参与者有元老院成员、骑士、军官、诗人、哲学家等40余人，尼禄的老师、哲学家塞涅卡也在其内。关键时刻，带头人疲软了，密谋败露，随之而来的是参与者被逮捕、拷打和处死。塞涅卡被尼禄勒令自杀，家财全部没收。

尼禄的残暴统治也遭到罗马帝国各行省反叛的沉重打击。66年，巴勒斯坦爆发武装起义。起义者击败罗马驻军，攻占耶路撒冷，杀死了一部分亲罗马的当地贵族和僧侣。罗马当局慌了手脚，正在希腊“巡回演出”的尼禄，于 67 年派遣韦帕芗率领 5 万士兵前去镇压。

68 年 2 月，尼禄回到罗马。耶路撒冷的局势还没平息，高卢总督又起兵反叛，提出推翻“丑角元首”的统治，把罗马从暴君手中解放出来。不久，西班牙副总督盖约巴征集军队讨伐尼禄，日耳曼的各个军团也起来反抗罗马的统治。到 68 年夏天，罗马帝国西部行省和驻军都起兵反叛，尼禄统治的末日来临了。

尼禄统治的危机时刻，以前唯命是从的元老院也见风使舵，宣布尼禄是“人民公敌”，要把他抓起来处以死刑。尼禄意识到自己到了山穷水尽的地步，又不想被元老院抓住当作反面典型审判后杀死，便思考怎么逃出罗马城自杀。有个奴隶给尼禄出了一个主意，于是便出现了故事开头的一幕。

尼禄死后，尤利乌－克劳狄王朝随之终结，各行省军团纷纷拥立自己的指挥官为皇帝。经过一场混战后，韦帕芗取得胜利，从此罗马帝国进入弗拉维王朝时期。

## 古罗马历史纪事

**64年** 罗马发生大火，全城几乎全部焚毁。

**69年—96年** 韦帕芗称帝，罗马帝国进入弗拉维王朝时期。

**96年—192年** 罗马帝国进入安东尼王朝时期。

**98年** 涅尔瓦去世，图拉真即位，他是第一个出身行省贵族的皇帝。

**101年—106年** 图拉真率军入侵达契亚，直至完全征服，设达契亚行省。

**114年** 图拉真吞并亚美尼亚，设亚美尼亚行省。

**117年** 图拉真病死，养子哈德良即位。

**161年** 安东尼·庇护去世，帝位由两个养子维鲁斯和马可·奥勒留继承，这是罗马史上第一次两帝共治。

## 力压男角斗士的“地狱玫瑰”

角斗，是古罗马时期贵族阶层的一种娱乐项目，参与者称为角斗士，他们专门从事剑斗。公元前 73 年，在“宁为自由战死在沙场，不为贵族取乐而死于角斗场”的信念指导下，数十名奴隶角斗士发起了著名的“斯巴达克起义”。

有关角斗士的最早记载，可追溯到公元前 264 年，当时，奴隶主称奴隶为“会说话的工具”，为了取乐，他们让奴隶们手握短剑和盾牌，相互厮杀或与野兽搏斗。这种娱乐方式极大地满足了贵族阶层的猎奇心理。渐渐地，角斗士正式出现，那些有实力、经过特殊训练的角斗士，可以像明星一样被那个时代的人们所崇拜。值得一提的是，角斗士这个职业并不仅限于男性，女角斗士也是这个行业的一部分。只要她们勇敢无畏、敢于面对流血和反击，越是勇猛，越是善于战斗，就越能拥有更多的赞誉。

传说在一次角斗比赛中，两名角斗士奋不顾身，相互搏杀，现场观众都看得热血沸腾。最后两名角斗士都精疲力竭倒在了地上，并几乎在同时将头盔脱掉了。全场的观众惊呆了，人们发现竟然是两位年轻的女性，虽然她们已经疲惫不堪，但是依然镇定自若。两名女角斗士征服了全场观众，他们纷纷肃然起敬，于是在观众的呼声之中，这两名女性被免于一死。

两名角斗士的名字是阿奇丽娅和亚马逊，她们的角斗被如实地记录在了一块大理石上。大理石上决斗场面雕刻得异常精美，每一个从它面前走过的人都被深深吸引。历史学家经研究后指出，这两个女人可能是女奴隶，同时也是职业角斗士。她们生前非常受人尊敬，在罗马帝国获得了荣誉。

这个传说中，两名女角斗士都裹得严严实实，但事实是女角斗会像男人一样赤裸上身面对挑战。

史蒂芬·维斯德在其著作《罗马格斗士》中提到，古罗马统治阶级中有许多女性喜欢以角斗士的身份进行搏斗，这在当时非常流行。许多贵族支持自己的女人去做这种危险的事情，她们会提前去角斗士学校学习，跟战俘角斗士进行实战演练。她们通常使用短剑和标枪等武器，很少使用重型武器。演练结束后，她们还会喝掉男性角斗士的汗水，认为这样可以增强体魄和战斗力。

随着时间推移，女性角斗士逐渐成为一种流行文化。暴君尼禄执政时举办了一场豪华的角斗视觉盛宴，数百名女性角斗士亮相角斗场。其中有些女性是自愿参加的，但更多的是被胁迫的，这些进入角斗场的女性大多是奴隶和仆人，她们被强迫学习格斗技巧，然后投入角斗场。她们的主人用她们作赌注，赌她们的输赢。如果不听从，她们就会被强行推入角斗场，与猛兽搏斗。尼禄对这样的角斗比赛非常着迷，他认为女性不应该像温顺的小绵羊，而应该像凶猛的雌兽，展现出凶狠的一面。有尼禄支持，女性角斗士的数量逐渐增多。为了提高观赏性，女角斗士从最初的与女性对决，逐渐演变成了与男性对决，甚至是对战野兽。

1 世纪末，罗马作家薛东尼奥在其著作《图密善的一生》中提到，罗马皇帝图密善曾经宣布“在火炬照耀下举办角斗大赛，男女皆可参加”。消息一经发布，元老院的元老们马上进行抗议，他们认为女性戴上头盔手持短剑后，变得不男不女，有损女性的完美形象。面对千载难逢的好机会，女性角斗爱好者们热情似火，踊跃报名。搏斗如期进行，元老们虽然口头抗议，但是亦被无尽的欲望所驱使，失去了定力。

然而我们必须牢记，角斗士们进入场中所面临的不是心跳加快的快感，而是生死攸关的厮杀。女角斗士如果是和男角斗士搏斗，要是输了，会被当成战利品送给男角斗士，任其处置。因此，女角斗士必须全力以赴，即使与昔日好友在角斗场相遇，也必须下死手，稍微有点犹豫，就会输掉比赛。

罗马人觉得女角斗士赤裸上身有伤体面，于是就发明了一种用来遮住胸部的“束朵服”，这就是女性运动胸罩的前身。

3 世纪时，罗马皇帝塞第米乌·塞维鲁禁止贵族阶层女性以角斗士的身份进入决斗场。塞第米乌·塞维鲁的禁令，遭到了元老院的反对。元老院认为，贵族中的一些女性是自愿加入角斗行列的，比那些胁迫进入角斗场的女性更具有观赏性，如果少了她们，角斗场将少了一道独特的风景。

说到底，女角斗士进入竞技场搏杀，不过是当时的贵族阶层为了满足自己的私欲而已。

# 第五章

## 黑暗时代

## 你所不知道的中世纪欧洲史

# 匈人莫名退去，西罗马难逃厄运

395 年 1 月 17 日，罗马帝国皇帝狄奥多西一世死于米兰。他有两个儿子，阿卡丢和霍诺留，二人均孝顺且有才干，因此他在继承人的选择上一直犹豫不决。临终前，狄奥多西一世做出了一个决定，把罗马帝国分为东西两部分，分别给两个儿子继承。长子阿卡丢去东罗马当皇帝，定都君士坦丁堡，管辖以土耳其为主的亚洲片区；次子霍诺留去西罗马当皇帝，都城仍是罗马，管辖以意大利为主的欧洲片区。东罗马帝国后来更名为拜占庭帝国，历经 1000 多年的时间，直到 1453 年君士坦丁堡被奥斯曼帝国攻陷才灭亡。相比之下，西罗马帝国就没有东罗马帝国那样的好运气。

一东一西，两个儿子都是皇帝，狄奥多西一世死后没有留下任何遗憾，然而他尸骨未寒，小儿子的西罗马帝国便不再太平。

狄奥多西一世去世后，西哥特人犹如一头发怒的公牛，在首领阿拉里克率领下横扫希腊和意大利北部，并于408年兵临罗马城下。他们还占领了距离罗马城20多千米的海港奥斯提亚，并夺取了从非洲运来的粮食。

罗马是一个国际化大都市，每天需要从外面运进大量的生活物资，才能保障城市的正常运转。西哥特人控制粮道，抢走粮食，等于扼住了罗马的咽喉。罗马城内一片恐慌，霍诺留在关键时刻没抛弃民众，他开仓放粮，安抚民众的情绪。然而城内储备的粮食毕竟有限，时间一久，罗马城内居民能领到的粮食从开始的每天半磅减至1/4磅，最后粮仓颗粒皆无。饥荒与瘟疫是对绝佳搭档。最后，罗马城挺不住了，成千上万的人死去，街道和广场上都是尸体。更严重的是，越来越多的奴隶、工匠等投靠阿拉里克。元老院和皇帝实在支撑不下去了，不得不派使者向阿拉里克求和。

使者被带进到阿拉里克的营寨，刚开始还充满信心，表示罗马人无论是战还是和，都决心维护自己的尊严。如果阿拉里克拒绝和谈，那么罗马人将手持武器，殊死奋战。然而此时的西罗马帝国已处于四面楚歌、群起而攻之的绝境，曾经强大的罗马帝国早已一去不复返。阿拉里克对此非常清楚，傲慢地回答道：“你们不要嘴硬！罗马城里还有多少人敢顽抗？如果他们敢顽抗的话，那好，草越密就越好割。”接着他提出了撤军的条件：“交出罗马城内的全部金银，所有有价值的动产和奴隶。”使者听后不禁打了一个寒战，惊恐地问道：“如果这些你们都要走，还准备给我们留下些什么？”“你们的生命！”阿拉里克回答道。

最后，双方经一番讨价还价总算达成协议。罗马人献出黄金5000磅、白银3000磅、绸料4000块、胡椒3000磅。西哥特人收到这些赔偿后解除了对罗马的包围，并允许罗马人到奥斯提亚港口购买粮食。

罗马人出于无奈，答应了西哥特人的要求。阿拉里克满载而归，西罗马帝国也算是松了一口气，灭国之险暂时度过。然而410年，阿拉里克率军再次兵临罗马城下。西哥特人攻破罗马城，把城内洗劫一空，然后离去了。

接下来，相对安稳的日子过了近40年，生死考验又降临到西罗马帝国头上。这次要面对的是“匈人”。

史料记载，匈人是一个生活在东欧、高加索和中亚地区的游牧民族。了解历史的人多少都听说过匈奴，但对于“匈人”却未必了解。“匈奴”“匈人”二者仅有一字之差，因此有人推测匈人可能是匈奴的一个分支，但他们之间到底有没有关系，目前难以定论。可以肯定的是，当年的罗马人和日耳曼人都非常害怕匈人。在他们看来，匈人是东方森林中的一个神秘民族，凶狠残忍，极其可怕。

匈人有位首领，叫阿提拉，曾傲慢地说，匈人的马蹄所到达的地方，必然寸草不生。阿提拉是在说大话吗？不是的。他率领军队对外扩张，把征服的土地变成一片废墟，曾一度快要打到今天的法国巴黎。面对凶猛的敌人，罗马人和西哥特人等组成了联军，共同阻止匈人的进攻。451年，双方在距离巴黎不远的沙隆展开激烈战斗，战场上血流成河，尸横遍野，最终联军战胜了匈人，这就是著名的“沙隆之战”。

沙隆之战后，匈人阿提拉并没有停止攻伐的脚步，转而向西罗马帝国进攻。罗马帝国强盛时听到匈人都头皮发麻，更何况现在已经一分为二且衰败了。西罗马帝国听说匈人来了，几乎没人进行抵抗。就这样，匈人大军一路长驱直入，兵临罗马城下。

当人们确信西罗马帝国会就此灭亡时，奇迹发生了。上次罗马城死里逃生，是因为使者“立下大功”。这次还用老套路，派使者与匈人谈判未必好使，因为匈人比西哥特人更野蛮。对待这样的族群，不按常理出牌，才有可能起死回生。谁是这个使罗马起死回生的人呢？教皇利奥一世出场了，他不拿任何武器，不戴任何盔甲，只穿着华丽的长袍，带着使节团去见了阿提拉。利奥一世与阿提拉说了些什么，历史没透露消息，只告诉我们，后者带着自己的军队回到了家乡。

西罗马帝国劫后余生，人们还来不及欢呼庆祝，罗马城于455年再次被汪达尔人的马蹄踏破。曾经的“永恒之城”罗马，被汪达尔人扫荡一空。

476年9月4日，西罗马皇帝罗慕路斯·奥古斯都被废，西罗马帝国灭亡。

## 古罗马历史纪事

**193年—235年**　罗马帝国进入塞维鲁王朝时期。

**212年**　罗马皇帝卡拉卡拉颁布敕令，把罗马公民权授予境内自由人。

**235年—284年**　罗马社会陷入“3世纪危机”，蛮族开始越境入侵。

**284年—305年**　罗马戴克里先进行改革。

**313年**　君士坦丁一世颁布“米兰敕令”，承认基督教合法。

**324年**　君士坦丁一世在拜占庭建立新都，命名为新罗马，也就是后来的君士坦丁堡。330年新都建成。

**395年**　罗马帝国分裂为东西两部分。

**476年**　西罗马帝国皇帝罗慕路斯·奥古斯都被废，西罗马帝国灭亡。

## 查理大帝加冕竟然是教皇的阴谋

西罗马帝国灭亡后，欧洲进入封建社会时期。日耳曼人在西罗马帝国遗址上建立了许多王国，其中，法兰克王国最为强大。法兰克王国的缔造者叫克洛维一世，他所开创的王朝叫墨洛温王朝，统治时间为 481 年—751 年。

宫相是法兰克王国体制内的一个官名，相当于宫廷总管，起初没什么权力，主要负责宫廷内的大小事务。随着时间的推移和国家的发展，宫相的权力越来越大。丕平三世当宫相时，宫相的权力空间已扩展到“一人之下，万人之上”的地步。但他并没有满足于此，还想继续向上发展，这就意味着要把顶头上司拉下马。751 年，丕平三世在教会的支持下，篡夺了法兰克王位，建立了加洛林王朝。

768 年，丕平三世的儿子查理继承王位。查理也称查理曼，上任后大刀阔斧进行改革，先后发布了一系列的敕令。在“米索罗敕令”中，查理规定了严格的征兵制度：“每位伯爵除了留下两人守卫领地，两人照顾家中的妻儿外，其他的人必须随军出征”；每个自由人，“自行配置装备，跟随所在的领主出征”。查理还规定，伯爵本人“应该亲自检查随行参军者的装备，每人应有一长矛、一盾、一把弓、两支弦、十二支箭”。为了获得充足的兵源，查理规定，“任何人如果藐视我的命令，拒不应召”，罚款六十索里达；对于临阵脱逃者，“处以死刑，没收财产”。就这样，在严厉的制度下，查理组建一支强大的军事力量，为领土扩张提供了保障。

兵源问题解决后，查理放开手脚，开始大干一番。经过一系列征服战争，法兰克王国的地盘达到了空前的规模，基本上把西罗马帝国的高卢地区，以及日耳曼人居住的内陆区域都据为己有。

查理作为一个强大国家的国王，自然少不了“好”事。800年12月25日，在圣彼得大教堂里，利奥三世亲自为他举行加冕礼，把一顶金光闪闪的皇冠戴在他头上，并且宣称“敬祝这位伟大的和带来和平的罗马人皇帝万寿无疆和永远胜利”。在这虚妄的赞美声中，法兰克王国成了帝国，查理则成了“大帝”，具有至高无上的权威。

为什么说给查理加冕是利奥三世的一场阴谋呢？

首先要搞清楚查理与利奥三世的关系。墨洛温王朝时期，法兰克王国与罗马教会的关系就很密切，在教皇暗中支持下，法兰克王国大肆扩张。查理的父亲丕平三世执政期间，法兰克王国与罗马教会的关系更是非同一般，且不说丕平三世篡夺墨洛温王朝末代国王希尔德里克三世的王位，在法兰克王国以后的对外征战中，特别是对撒克逊人和巴伐利亚人的战争中，罗马教会都起到了重要的作用。

查理当上国王后，继承了父亲与罗马教会的关系。公元795年，罗马教皇阿连德一世逝世，利奥三世继位。新教皇与罗马教廷中有势力的大贵族发生矛盾，受到各种毁谤和攻击。贵族首领以教皇对待法兰克人软弱为借口，于799年4月25日将他逮捕。但是，查理派使臣把教皇利奥三世救了出来。800年12月，查理率领大军亲自护送利奥三世回到罗马，帮助利奥三世复位，并且对反对利奥三世的人处以重刑。利奥三世欠查理一个人情，利用手中的权力给查理加冕，表面上合情合理，没有任何问题，既还了人情，还能震慑那些反对者。然而，事实真相并非如此。

查理并不想接受这顶皇冠。爱因哈德是查理最为信任的秘书官，他在《查理大帝传》中表示，对于利奥三世为他加冕，查理事先一无所知，并且他也非常讨厌“罗马人的皇帝”这个称呼。由于爱因哈德的特殊地位，其披露的事情相当可信。既然加冕不是查理所愿，且没有事先告知查理，那么完全可以说是利奥三世处心积虑所为，也就是他导演的一场阴谋。

利奥三世为什么这么做呢？由教皇为国王加冕，使其成为皇帝，这一举动毫无疑问是史无前例的。无论是此前的罗马帝国，还是在分家后的拜占庭帝国，都没有人敢这么做。利奥三世希望通过这种方式提高教会的地位，皇帝由教皇加冕，就等于在向世人宣布教皇的地位高于皇帝。随着查理大帝的加冕完成，利奥三世的计划宣告成功。自此开始，教皇的地位进一步提升，成为西欧社会中的宗教领袖。这可能就是利奥三世给查理加冕的真实原因。

此外，利奥三世在拉特兰教堂安上了一幅彩色镶嵌画，描绘圣彼得正在把披风送给教皇，把旗帜送给国王，祷文上写着：“圣彼得把生命赐给教皇利奥，把胜利赠予国王查理！”这进一步佐证了利奥三世的意图，即提升教权的地位，与王权共同统治世界。

最后值得一提的是，814年1月，72岁的查理大帝逝世，他的儿子路易继位。840年，路易去世。843年8月，路易的三个儿子在凡尔登缔结条约，把帝国一分为三：东部地区归日耳曼路易，称东法兰克王国；西部地区归秃头查理，称西法兰克王国；中部的狭长地带归罗退耳，承袭帝位。此后，在这个基础上形成了近代西欧的三个主要国家：德意志、法兰西、意大利。

## 蛋糕烤煳后，国王想出对付丹麦人的办法

从5世纪中叶开始，欧洲大陆的盎格鲁－撒克逊人和朱特人跨北海侵入不列颠岛。在征服当地克特人的过程中，许多小国逐渐合并为7个王国。

阿尔弗雷德是位于大不列颠南部的威塞克斯王国的王子，他从小不喜欢读书，却喜欢书本。吸引他的不是书本上的知识，而是美丽的图案和鲜艳的颜色。那个时代，书籍是一种奢侈品，只有贵族才能读得起书，而王宫里的书籍基本上都是由修道士一笔一画抄写而成。他们抄写时会使用不同颜色的笔，还会根据书中所传递的信息，绘出一些精美的图画。因此，阿尔弗雷德对书本着迷也就不足为怪了。不喜欢读书，是很多人的通病，就像你不喜欢某件事情，非让你去做，你就会像喝汤药一样痛苦。

如何让孩子学习知识呢？阿尔弗雷德的母亲拿着一本漂亮的书，放在孩子们面前。这本书非常好看，里面的文字、线条都是用金色描绘而成，阿尔弗雷德看见的第一眼就喜欢上了。这时，母亲面带笑意，用和蔼的口气对孩子们说道："我本想把这本书送给你们，可惜只有这一本，如果谁能把这本书读懂读透，我就把这本书作为礼物送给他。"

阿尔弗雷德听到妈妈的许诺，顿时来了精神。在他看来，这就是一场比赛，只要自己取得胜利，就能得到它。于是，他发奋努力，认真学习，用最短的时间吃透了书内所有的内容。最终，他赢了比赛，获得了这本书。

在妈妈的影响下，阿尔弗雷德博览群书，立志要做一个有作为的君主。英格兰人原本是日耳曼族的一个分支。他们与另一支的同胞丹麦人，相处得并不友好。英国是一个被北海、英吉利海峡、凯尔特海、爱尔兰海和大西洋环绕的国家。丹麦人曾多次袭击英格兰的海边沿岸城镇，大肆掠夺海边沿岸城镇的财物。但凡能带走的值钱东西，他们都会装上船带回丹麦。丹麦人的行为，就像坏孩子翻过农夫的篱墙，从果园里偷走苹果一样。本是同根生，英格兰人的宽容，非但没能让丹麦人收手，反而让他们变得越来越猖狂。丹麦人有时掠夺财物后并没急于离开，而是像偷了苹果的坏孩子，对着追赶来的农户吐舌头、扔石头。

为了对付这些丹麦人，英格兰出动军队进行打击。他们通常以守株待兔的方式，蹲守在丹麦人经常登岸的地方。然而，丹麦人似乎有未卜先知的能力，英格兰军队越渴盼他们出现，他们越不上岸。英格兰军队失去耐心，刚刚从隐蔽点撤出，丹麦人就立马出现了，有时还会把英格兰军队打得鼻青脸肿。如果再不振作的话，丹麦人或许有一天能征服英格兰，成为英格兰新的统治者。

871 年，阿尔弗雷德继承父亲王位，这年他刚满 19 岁。阿尔弗雷德决心把丹麦人赶走，但情势远比其想象的复杂，对英格兰极为不利。有一次，阿尔弗雷德带领军队打击丹麦人，结果英格兰军队被打得七零八落，他自己也与军队失去了联系。据传，阿尔弗雷德一个人又累又饿，浑身脏兮兮的，没有一点儿力气。走着走着，阿尔弗雷德发现了一个小木屋，他敲了敲门，里面做出应答。随后，他推门而入，向女主人讨口吃的。女主人正在烤蛋糕，看到阿尔弗雷德衣衫褴褛，并没认出眼前这个人就是高贵的国王。出于怜悯，女主人给了阿尔弗雷德一块蛋糕，然后开口说道："我现在需要出去挤牛奶，如果你愿意帮我照看好火炉上的蛋糕，我会把烤熟的蛋糕再给你一块。"阿尔弗雷德马上就答应了。

现在，阿尔弗雷德的任务是帮女主人照看好火炉上的蛋糕，但他的心思却没放在蛋糕上，满脑子里想着怎么与丹麦人作战。由于他想得太投入，忘记了饥饿、炉火上的蛋糕，后果可想而知，蛋糕烤煳了。女主人挤完牛奶回来后，看到眼前的状况非常生气，对阿尔弗雷德大加责备，然后把他赶出了小木屋。

但是阿尔弗雷德想出了对付丹麦人的办法，他认为，击退丹麦人的最好地方是在水上，而不是在陆地上。因此，他开始建造战船。经过一段时间之后，他拥有了一支强大的海上舰队，大部分战舰比丹麦人的要大。

阿尔弗雷德的一些战舰太大了，一到水浅的地方就会搁浅，而丹麦人的船在浅水中也能灵活自如地活动。一旦到了深水区，丹麦人的船在阿尔弗雷德的大船面前就失去了威风。深水稳稳地托举着阿尔弗雷德的巨大战舰，它们显出极大的优势，发挥了巨大的威力。威力究竟有多大呢？这么说吧，这支海军是英格兰历史上的第一支海军，后来英国海军成为世界上最强大的海军战队，正是阿尔弗雷德打下的基础。

英格兰人多年与丹麦人斗智斗勇，矛盾始终没能得到解决。阿尔弗雷德清醒地认识到，双方长期这样相持下去也不是办法，而且武力解决不了的问题，用谈判、签订协议的方式可以解决。于是，阿尔弗雷德向丹麦人抛出橄榄枝，承诺英格兰拨出一块土地供他们居住，前提是他们必须踏踏实实地过日子，不再偷，不再抢。

丹麦人在与英格兰的纠缠中，也早已疲惫了，他们接受了阿尔弗雷德的提议。阿尔弗雷德划出了一块区域，这块区域就是英格兰北部的大片地区和东部一带，即从泰晤士河口到爱尔兰海，斜跨英格兰，称为“丹麦法区”。从此以后，丹麦人果然金盆洗手，在阿尔弗雷德提供的土地上过上平静的生活。渐渐地，丹麦人和英国人相互通婚，最终融合为一个民族。现在的英国人，谁也不知道自己的祖先是丹麦人还是英格兰人。

## 英格兰历史纪事

| | |
|---|---|
| 约公元前13世纪 | 伊比利亚人从欧洲大陆来到大不列颠岛东南部定居。 |
| 约公元前700年 | 居住在欧洲西部的克尔特人不断移入不列颠群岛，其中有一支称为不列吞人，“不列颠”这一名称可能来源于此。 |
| 公元前54年 | 恺撒两度率罗马军团入侵不列颠，均被不列颠人击退。 |
| 43年 | 罗马皇帝克劳狄一世率军入侵不列颠。征服不列颠后，将其变为罗马帝国的行省。 |
| 5世纪初 | 罗马人撤离后，居住在德国易北河口附近和丹麦南部的盎格鲁-撒克逊人以及来自莱茵河下游的朱特人等日耳曼部落，征服不列颠。 |
| 7世纪初 | 入侵者先后建立7个强国，这个时期史称“七国时代”。 |
| 8世纪末 | 以丹麦人为主体的斯堪的纳维亚人屡屡入侵。 |
| 879年 | 阿尔弗雷德与丹麦人订立条约，将英格兰东北部划归丹麦管辖，称为“丹麦法区”。 |

## 诺曼征服：海盗家族出身的王者征服之路

国王阿尔弗雷德在位时，丹麦人经常入侵英格兰。与此同时，隔海相望的法国，也时常受到维京人的入侵。阿尔弗雷德的办法是，给丹麦人划拨一块特区，让他们在那里生活。后来，那片区域的丹麦人都信奉了基督教。法国国王也做了与阿尔弗雷德相同的事情，给维京人划拨了一块特区。维京人有了固定的住所，后来也像丹麦人一样信奉了基督教。

罗洛是维京人入侵法国的首领，非常勇猛。法国给维京人建立特区，维京人总得报答一下法国。法国的要求是让罗洛亲吻国王的脚来表达谢意。罗洛对这种做法感到不适，便派遣自己的下属进行这个仪式。罗洛的下属也不情愿，但无奈只能如此。亲吻国王的脚时，国王故意把脚抬高，结果失去重心，连人带椅子整个翻了过去。

法国送给维京人的土地叫诺曼底，这个名字一直沿用到现在，生活在那里的人叫诺曼底人。1035 年后，威廉公爵统治诺曼底，他是罗洛的孙子。威廉身强体壮，性格坚韧，精于箭术，信奉基督教。

威廉手段强硬，虽说他和他的人民都是基督徒，但他们并不按照基督徒的准则行事。“强权即是公理”是威廉的信条，因为祖先是海盗，所以他也像海盗一样，想要什么就抢什么。

在还是公爵时，威廉就常常眺望英国，那里与诺曼底之间只有一条海峡，他告诉自己，一定要成为英国国王。

英国国王爱德华和威廉是表兄弟，这给他夺取王位提供了机会与借口。当时，英国的年轻王子哈罗德乘坐的船在海中出现事故，诺曼底人救了他，还把他带到了威廉面前。这是一个绝佳的好机会，威廉岂肯错过，在哈罗德离开前，他要求王子许下诺言，将来继承英国王位后，把王位让给自己。哈罗德无奈之下，答应了威廉。

威廉把哈罗德放回了英国。当哈罗德即将继承王位时，英国人反对把英国交给威廉。哈罗德也说，当时发誓完全是被逼的，不是出自他的真实意愿。

哈罗德当上国王的消息传到诺曼底，威廉非常愤怒，他怒喊着自己被欺骗了，哈罗德违背了誓言。于是，威廉组织军队，要渡过海峡强行夺取哈罗德的王位。

船靠岸时，威廉不小心被绊到，一头栽倒。士兵们看到后都很震惊，认为这是不祥之兆，将会带来坏运气。威廉迅速站起来，双手高举，手里还握着摔倒时抓到的泥土，告诉士兵们，这是大吉之兆，预示着英格兰的土地很快就会归他所有。

战争打响，英格兰全民皆兵，保卫自己的领土。1066 年 10 月，威廉军队与哈罗德的军队在黑斯廷斯相遇。双方交战之初，威廉军队死伤较多。而后威廉军队假装不敌，四处溃逃，看起来狼狈不堪。英国军队被胜利的喜悦冲昏了头脑，连队形都顾不上，兴奋地追打着“落败”的威廉军队。突然，威廉发出集结军队的信号，他的士兵们立刻转头回来了。英国人非常吃惊，威廉的军队在他们还没反应过来时就击败了他们。国王哈罗德也因眼睛被一支箭射穿而死。这便是黑斯廷斯战役，它是英国历史上最著名的战役之一。

紧接着威廉进军伦敦，在 1066 年 12 月 25 日成为英国国王。从那时起，威廉被称为“征服者威廉”，这场战事叫“诺曼底征服”，他建立的王朝叫“诺曼王朝”，英格兰的国王谱系里也多了一个新的谱系，一个诺曼底海盗家族统治了英格兰。

威廉当上国王后，按照功劳大小，把土地分给自己的手下。得到土地的手下成为英国的贵族，他们发誓永远效忠威廉。贵族们在自己土地上建立城堡，威廉也在伦敦的泰晤士河边，恺撒和阿尔弗雷德大帝曾经建造城堡的地方，给自己建造了城堡，这座城堡就是今天的“伦敦塔”。

1086 年，威廉一世派出官吏走遍英格兰，对全国的土地进行调查，并将每个人的财产登记造册，编成了《土地清册》。《土地清册》的内容广泛而具体，主要包括国王、教会和封建主的土地占有状况，每个庄园的面积、牲畜和工具的数量，以及各类农民的人数，等等。

整个调查登记的过程极其严格，每个人都必须如实相告，这就造成了普遍的恐怖。有它在手，国王就知道每个人应该或能够缴纳多少税。

威廉虽然出身于海盗家族，却把英国管理得井井有条，为英国今后的发展奠定了坚实的基础。

## 中世纪骑士是如何炼成的

在描述中世纪西欧的文学作品里，经常可以看到骑士的身影，他们穿着威武的铠甲，挥动手中的宝剑，与强大的敌人作战。但是现实中，骑士不是谁想当就能当的，要想成为一名出色、合格的骑士，也需要经受很多考验。另外，成为骑士还要有一定的社会地位和背景。相较于现代，当时的社会阶层分明，平民百姓家的孩子很难有机会成为骑士，只有出身于贵族、领主家庭的孩子才有资格接受骑士教育和培训，成为真正的骑士。

欧洲的中世纪，骑士很出名，为此后人还专门为它划出一个时代，叫“骑士时代”。事实上，骑士时代也是绅士与淑女的时代。绅士与淑女都出自贵族、领主家庭。

中世纪欧洲，平民社会地位相对较低，通常没有太多的政治和经济权利，生活非常艰苦。他们需要一年到头辛勤地劳作，只为能够维持自己的生计。与此同时，他们的孩子通常没有接受良好教育的机会，很难获得提升社会地位的途径。相比之下，贵族、领主家的孩子，情况就完全不一样，他们需要接受严格的教育，学习如何做一名有品位、有教养的绅士或淑女。

贵族、领主要想把自家的孩子培养成人见人爱的骑士，必须让孩子从侍童做起。当男孩子长到 7 岁后，他们开始做贵族的跟班，给城堡里的女士做些杂务，如送信、跑腿、伺候用餐等。不过，仅仅做好这些还远远不够，他们还要学习骑马及各种社交礼仪，如学习遇到女士时如何脱下头盔，表达自己的友好。这个动作看似简单，但需要做到动作优雅又不卑不亢，向女士传达“请你相信，我不会给你造成威胁，你不用想着如何保护自己”的信息。现在，男士见到女士后的脱帽礼就来自此时。

侍童生活一直持续到14岁，14岁以后他们会成为侍从。做侍从也需要7年的时间，直到21岁。侍童主要服侍城堡里的女士，而侍从则要服侍城堡里的绅士，照料他们的马匹，跟随他们到战场上，去做他们的勤务员，为他们准备马匹和武器。

侍从时期对一个男孩子来说特别重要，关系到他们21岁时能否参加一个重要的仪式。这个仪式特别神圣，只有表现突出的侍从才有资格参加。在参加仪式前，还要做一件重要的事情。这个事情你可能想不到，但你会经常做，那就是洗澡。

现在，每个人睡觉前都要洗澡。但在那个年代，洗澡不可能像现在这样频繁，有的人一年也就洗几次，也有的人好几年也不洗一次。所以，男孩子在参加重要仪式前洗澡，把身体洗得干干净净，其意义也就显得非同一般。

洗完澡后，要在众人的见证下进行宣誓，内容无外乎是一生都要勇敢善良、保护弱小、尊重女性等。宣誓完毕后，神职人员会来到男孩子身前，在他的腰间系上一根白色的皮带，然后让人在他的靴子上系上金色的马刺。接着，男孩子跪下，神职人员拿出一把宝剑，用剑背拍打他的肩膀，边拍打边大声宣布："从今天起，这个男孩子被册封为骑士。"至此，一名真正的骑士诞生了。

骑士出去打仗时，都要穿戴全套的盔甲。盔甲是用铁和钢制成的，看起来像鱼鳞一样。这套装备能保护他不被剑和矛所伤。当然，如果是被枪射中的话，这身盔甲也无法抵挡，当然，那时候还没有枪。骑士被盔甲裹得严严实实，交战时通常难以看清前面的究竟是敌人还是战友。为了把自己人和敌人区分开，骑士们会在盔甲上做上标记。现在如果有机会看到骑士的战袍，你会在上面发现狮子、玫瑰或十字架之类的图案，它们不仅是装饰物，也是标记，不同的图案代表着不同的军队。

不同的国家会有不同的比赛或者运动，人们在锻炼身体的同时享受比赛带来的快乐。就像希腊人有奥林匹克运动会，罗马人有战车比赛，骑士通常会举办比武大会。骑士比武时，不跑步，不跳高，也不像摔跤手那样用拳脚解决问题。骑士比武的场地是长方形的。比武前，双方骑在马上，身披铠甲，手举长矛，全副武装地站在比武场的两端。为了避免骑士受伤，长矛的尖端会用东西包住。比武开始后，双方骑着马从两端同时出发。他们举着长矛，飞快地向对方冲去，接近后用长矛瞄准对手……随着两名骑士的长矛相接，比赛进入高潮，观众会吹着喇叭，喊着自己支持的骑士的名字，气氛十分热闹。比赛中，先从马上跌下来的一方就是败者，胜利者将与另一轮比武中的胜者继续比武。骑士一路过关斩将，如果有谁战胜参加比赛的所有人，他就是冠军。冠军得到的奖品很特殊，是女士亲手制作的缎带。

除了比武大会之外，骑士通常非常喜欢打猎。骑士打猎时会带着猎狗，有时也会带着受过训练的猎鹰。猎鹰是一种十分凶猛的鸟，速度很快，行动很敏捷，主要用来捕捉各种猎物。骑士先在猎鹰的头上蒙一块布，然后将猎鹰拴在手腕上。当空中出现自己中意的鸟时，就拿掉猎鹰的蒙头布，解开它的链子。当它把猎物带回来以后，骑士会重新给它蒙上布。猎鹰捕猎的本领可不比猎犬差，它们除了能捕捉到鸟之外，捕捉其他小动物也是手到擒来。只不过，对于英勇的骑士而言，捕鸟显得有些无趣，他们更喜欢猎野猪。因为在他们看来，作为男人，就应该猎杀这种危险的动物。

恩格斯曾说："中世纪所赐给我们的唯一进步是骑兵的创立，我们时代的骑兵就是从那个时代的骑兵直接传下来的。"这是指在军事方面骑士制度所发挥的作用。到了 14 世纪末，随着商品经济的发展，骑士制度的根基被破坏了。此外，射击武器广泛使用在军事中，也给骑士带来了致命的打击，骑士的甲胄不再坚不可摧。骑士从此走向衰落。

## 攻克一座中世纪城堡有多难

西罗马帝国分崩离析时，就像一块没有主人的美味大蛋糕，每个人都想从中分得一块。战乱再次爆发，强大的国王或割据一方的军阀战胜对手后，获得大量的土地和财富。手中有了战利品，他们不会独自装入腰包，而是拿出一部分来分给部下，这样做无非是想做大做强，成为一方的霸主。部下得到土地后，便成了所在区域的领主。有时，领主会把土地再次分成若干份，分给自己的属下，他们则成了贵族。

领主和贵族通常拥有大量土地和财产，但也面临着外部的威胁和攻击。为了保护自己和自己的财产，他们开始兴建城堡。城堡一般建立在自家领地的山顶上。之所以选择在山顶上建立城堡，主要原因在于山顶易守难攻，城堡里的人能够很好地进行防御。

在城堡外面，通常会有一条护城河，大都是人工开挖而成，因为山顶周围几乎不会出现河流。护城河的作用不言而喻，敌人要想进攻城堡，首先得过护城河。在敌人过护城河时，城堡里的人居高临下，可以用石头砸他们，或把熬得滚烫的沥青泼向他们。仅护城河这一关，敌人就很难通过。护城河上有吊桥，供家人及友好人士使用，直通城堡入口。敌人来了，吊桥就会被收起。即使有时来不及收起吊桥，也不用担心，在城堡入口处有一道坚固的铁闸门，战争来临，城堡内的人把它关闭，敌人也就无法进入了。

或许你会问，城堡除了这个入口之外，还有其他的入口吗？敌人会不会从其他地方入侵呢？答案是城堡没有其他入口，从其他地方入侵也极其困难。首先，城堡是用坚硬的石头建造而成，厚度通常达到 3 米以上，敌人几乎不可能在墙上打出洞口或将墙破坏掉。其次，城堡的墙上也没有窗户，只有一些细长的缝隙，人完全无法从中挤进去。城堡里的守卫可以从缝隙中向敌人射箭，敌人要想通过缝隙射中里面的人，简直太难了。

要攻打这样的城堡，非常困难，但为了夺取土地和财富，依然有很多人不断尝试。为了射中城墙内守卫的人员，他们会在城堡外建造高高的带轮子的箭楼；为了越过护城河到达城墙下，他们会挖掘地道；为了打破城堡坚实的城墙，他们会使用破城槌等工具；为了打击城堡内的士兵，他们会使用投石器将石头扔进城墙内。那么，他们为什么不使用大炮轰击呢？原因很简单，那时还没有大炮这种武器。

城堡除了防御的作用之外，还是居住的地方。平时，城堡里的男人们会到城堡外的土地上耕种。土地上产出的粮食，作为城堡内人们日常食物的主要来源。他们也会将剩余的粮食储备起来，以备不时之需。一旦战争爆发，城门关闭，只要战争持续得不是太长时间，生活在里面的人都会有足够的粮食。

为了容纳更多的人、粮食和牲畜，城堡通常修建得宏伟壮观。一旦进入城堡，你会发现它就像一个完整的城镇一样，被城墙所围绕。城堡里会有很多小屋子，有的用来居住，有的用来养殖牲畜，有的是厨房或储存室。还有些城堡里建有教堂。城堡中最大、最好、最坚固的房子称作“要塞”，领主居住在那里。

要塞中的大厅是最重要的地方，既是客厅又是餐厅，领主可以在这里接待客人。进餐前，人们会用木板搭建一个又长又宽的桌子，吃完饭后再把木板收起来。当时的人们基本没有用餐礼仪，餐桌上也看不到任何餐具，直接用手抓饭。一顿饭下来，地上满是骨头和残羹剩菜。狗也会在用餐时，跑进来啃食人们随手扔在地上的东西。有时，仆人会在晚饭后送水和毛巾，给那些想要洗手的人。晚饭后，领主一家人坐在一起，听吟游诗人在星光下唱歌。吟游诗人在古希腊时期就已经很有名了，中世纪时也有很多吟游诗人，他们常常流浪四方，弹琴唱歌，给人们讲故事。

女人在城堡内主要从事一些日常事务，负责做饭、纺线、织布，此外还要监督和安排仆人的工作、帮助照看牲畜。当战争爆发，男人在外打仗时，种植粮食、养家糊口的重任就落到了女人身上。

领主和他的家人十分富有，在城堡里过着奢侈的生活。但是，他们往往很吝啬，不愿意给平民的劳动更多的回报。城堡里的平民生活在领主租给他们的土地上，上缴领主大量的赋税，如果战争爆发，还要无偿为领主打仗。

平民一年到头都要辛勤劳动，最终却要将收获的粮食大部分都交给领主。他们被称作领主的农奴，自己只能住在破烂的小木屋里，睡在稻草上，穿着破旧的衣服。有些平民不堪折磨选择逃跑。据说，如果逃跑的在一年零一天内未被抓捕，就可以获得自由。成功逃跑的寥寥无几，大多数都会被抓回来，面对极其残酷的刑罚。

## 中世纪黑死病，改变欧洲历史进程的大灾难

“圆环形的玫瑰，装满口袋，灰烬、灰烬，你们都要倒下！”这首英国童谣叫《玫瑰》，相当于英国版的《丢手绢》。童谣背后隐藏着一段惨烈的经历，歌词传递的信息是：欧洲黑死病暴发期间，很多人死亡前处于癫狂状态，跑到大街上疯狂乱舞，然后一头栽倒在地上……尸体太多，来不及收殓，散发恶臭；运尸车装满尸体，在上面铺盖鲜花……焚烧尸体产生的灰烬遮天蔽日。

在今捷克首都布拉格以东约70千米的地方，有一个小镇叫库特纳霍拉，镇上有一座著名的“人骨教堂”，它的烛台、吊灯等都是由人骨拼凑而成。在欧洲，这种“人骨教堂”不值得惊讶，多个城市都有。造成这种结果的罪魁祸首是黑死病。

黑死病，即鼠疫，是由鼠疫杆菌引起的烈性传染病。14世纪后半叶，黑死病像幽灵一样，反复蹂躏欧洲这片土地。当时，欧洲进入至暗时刻，

人类感到前所未有的恐惧与无助：瘟神无孔不入，没有国界、不分种族，任何一个国家都别想逃脱。欧洲人为此付出惨重代价，2500 万人丧命，而这仅是不完全统计，真实死亡应该远远超过这一数字，比后来在两次世界大战中死亡的人数还要多。直到 16 世纪初，欧洲人口才逐渐恢复到黑死病暴发前的水平。

1347 年 9 月，黑死病首先出现在意大利南部西西里岛的港口城市墨西拿，这里也是它来到欧洲的第一站。起初人们并不在意，给了它快速复制与传播的机会。11 月，黑死病经水路到达北部的热那亚和法国地中海港口城市马赛，1348 年 1 月攻破威尼斯和比萨，3 月占领意大利中心位置的工商、文化重镇佛罗伦萨。就这样，“死神”通过这些城市的陆路、水路，疯狂地向四面八方辐射。从意大利北部经布伦纳山口到蒂罗尔、克恩腾、施泰尔马克，再到维也纳。在法国，以马赛为起点，横扫了从普罗旺斯到诺曼底的整个国家。1348 年夏，黑死病传播到英国多塞特郡的港口，8 月进入伦敦，翌年征服整个不列颠。1349 年初，黑死病从法国的东北部越过莱茵河，5 月到巴塞尔，8 月到法兰克福，11 月到科隆，1350 年抵达汉堡、不来梅、但泽……黑死病的“远征”又转向北欧、东欧，1352 年—1353 年来到俄罗斯，完成了它这次触目惊心的血腥征程。

最早记录黑死病症状的是 1348 年一位名叫博卡奇奥的佛罗伦萨人。他这样写道：最初的症状是腹股沟或腋下的淋巴肿块，然后胳膊上、大腿上以及身体其他部位会出现青黑色的疱疹；通常伴有发热症状；几乎所有的患者都会在 3 天内死去，极少人能够幸免。

人们不禁要问：黑死病是如何传播和肆虐欧洲的呢？1347 年，12 艘来自热那亚的船出现在意大利西西里岛的墨西拿市。这些船晃晃悠悠地靠了岸，可是船上没下来一个人。有些人挺好奇，便登上了船，结果发现船上的所有人都已死去，尸体上布满了奇怪的脓血。接下来，病毒随着这些上船的人进入墨西拿市，当时谁也没在意它竟然如此可怕。那么，这12艘携带着幽灵的船来自何方呢？

黑死病真正的起因，一直是众说纷纭，事实真相也许与我们了解到的完全不同。

黑死病暴发不久，医学界责无旁贷，医生们纷纷行动起来。巴黎医学院的教师们集体商讨，联合发表一篇名为《瘟疫概论》的论文，对正在侵袭法国的瘟疫现象做出了集体看法。总的来说，这篇论文分为两个部分，第一部分分析瘟疫的成因，第二部分是预防和治疗的方法。教师们认为，1345年3月20日下午1点，土星、木星和火星的相位变动引起了空气的污染，最终导致了黑死病的暴发。当时，这篇论文具有绝对的权威性，被译成多种语言。其实，《瘟疫概论》在黑死病成因的解释和治疗方法方面存在一些争议，而且存在一些不足之处。

1894年，法国细菌学家亚历山大·耶尔森发现了引起鼠疫的病原体，这种病原体被命名为“耶尔森氏鼠疫杆菌”。而历史上关于黑死病特征的记录中，有一些关于淋巴结肿的描述，科学界普遍认为，黑死病就是鼠疫杆菌袭击淋巴结导致的腺鼠疫。它可以在人与人之间直接传播，而主要的传染源是老鼠和跳蚤。

黑死病一直是人类面临的重大传染病之一。多个世纪以来，人们对它的研究从未停止，希望有朝一日能彻底破解它的起因、传播途径等。利物浦大学的研究人员认为，通过研究黑死病的传播方式，可以看出它并不是淋巴结鼠疫，可能是一种类似埃博拉的病毒引起的，并且是在人与人之间直接传播。他们还认为，黑死病只是暂时蛰伏，有可能还会暴发。

尽管黑死病的起因和传播途径仍然是科学家探索的难题，但是我们有理由相信，随着科技的发展，这方面的研究必将会有更多的突破和创新，为人类的健康与发展做出更大的贡献。

### 黑死病在欧洲主要国家暴发的次数与危害

| | |
|---|---|
| 1347年—？ | 意大利前后暴发过9次，据估计死亡人口超过60%。 |
| 1381年—1444年 | 西班牙暴发4次，40%的人口死亡。 |
| 1361年—1426年 | 法国暴发6次，仅最后一次就夺去了5000人的生命。 |
| 1362年—1391年 | 英国暴发5次，共计丧生超过一半人口。 |
| 1363年—1391年 | 多次席卷德国和波兰，一年之中布雷斯劳就有3万人死亡，克拉科夫有2万人死亡，西里西亚有一半到2/3的居民死去。 |

## “法国花木兰”，一个 17 岁少女的悲歌

英法百年战争期间，1429 年的法国岌岌可危。原因是，法国整个北部和西南部的一部分被英国人控制，勃艮第人趁火打劫，占领了兰斯。所幸的是，重要据点奥尔良还掌握在法国人手中，但英国军队正试图攻占它。

法国生死存亡关头，一个叫贞德的农家女挺身而出，她自称是上天命定的法国拯救者，晋见法国国王查理七世，请求带领军队收复被英格兰人占领的土地。她能行吗？没有人相信她能行，但查理七世却决定让她指挥军队。法国政府这样做也是无奈之举，当时军队和人民士气低落，只能死马当作活马医。

贞德带领法国军队解了奥尔良之围。此战，贞德一举成名，获得“奥尔良姑娘”的称号。

在奥尔良战役胜利的鼓舞下，贞德率领法军继续反攻。英格兰人原以为法军的下一个目标是巴黎或诺曼底，为此他们做好了充分准备，贞德却出其不意，率军进攻兰斯。行军途中，无数人慕名而来，加入“奥尔良姑娘”的军队。法军一路推进，与勃艮第城市欧塞尔谈判后，欧塞尔表示保持中立，让法军顺利通过。随后，其他沿途城镇也都纷纷归附贞德。

1430年5月，贞德在一次战役中被勃艮第人所俘。经过一番谈判，勃艮第公国的菲利普公爵将贞德卖给了英国。审判贞德的程序于1431年1月9日在法国卢昂展开，由英国人主导，许多神职人员被迫参加了这次审判，有些人还受到来自英国的威胁。

在这场审判中，法庭想尽一切办法给贞德列出了12项罪行，又用各种方式逼迫她签下了一份她完全看不懂的公开声明书，实际上是一份认罪书。就这样，不到20岁的贞德被判了火刑。

贞德的死，激起了法国人对英国的仇恨，他们以更加无畏的精神投入了对英国的战争中。

1453年10月19日，英军在波尔多投降，持续了一百多年的英法战争结束。战争结束后，在贞德年迈的母亲和法国异端裁判所的首席法官的请求下，对贞德的"罪行"得以重新审判。1456年6月，审判法庭最终做出结论，认定贞德是一名"圣女"，并指出当初主导审判的皮埃尔·科雄为了自身的利益而错误地将贞德定罪。法庭在 1456 年 7 月 7 日，正式宣布了贞德的清白。

火刑结束后，关于贞德是否被处刑、有没有留下遗骨，出现了一些传言。比如，贞德被处死刑 5 年后的 1436 年 5 月 30 日，出现了一个自称为贞德的女性。贞德的哥哥皮埃尔认为这个女性是真的贞德。同年秋天，她同卢森堡的领主罗伯特结婚。后来证实，这个贞德是假冒的。

此外，另一份 1457 年的资料说贞德是皇室的私生女，由查理六世的皇后伊莎贝拉同查理六世的弟弟路易所生。贞德是王族的后裔，处刑的极有可能是替身，贞德依然活着。

还有人称，在贞德被施刑后的火堆中，找到一根贞德的肋骨。当时，并没有关于这根遗骨的传闻。直到 19 世纪 60 年代末，这根遗骨才从一个药剂师手中被送到图尔的大主教管辖区内的一家博物馆中珍藏。1909 年，有科学家宣布这根肋骨很可能是贞德的遗骨，结论得到了教会的认同。可是，后来法国科学家用高科技手段对这根遗骨进行细致研究后发现，遗骨竟然来自埃及的木乃伊。

根据普遍的看法，英国人行刑时甚至连贞德的骨灰都没有留下来，但是也有一些历史记录和传说都认为贞德的遗体并没有被大火完全烧尽。有一种说法称，尽管刽子手将火焰燃到最烈，但贞德的心脏和其他内脏在经过两次焚烧后仍然没有烧尽。最后，温切斯特红衣主教命令刽子手将剩下的遗体和骨灰一同扔进塞纳河中。法国法医学家沙利耶也认为，将一具尸体完全焚烧是非常困难的，因为一些器官，比如心脏，含有很高的水分，对火具有很强的抵抗力。

贞德当时有没有死于火刑？有没有遗骨留下？这一切已无从考证。

# 第六章

## 探索发现 危险与机遇并存的大航海时代

# 因黄金美梦，哥伦布阴差阳错发现新大陆

如果你喜欢冒险，喜欢听冒险故事，读《马可·波罗游纪》会是不错的选择。也许你会像哥伦布一样，因为打开这本书而进入一个新世界。

哥伦布出生在意大利北部一个叫热那亚的城市。在意大利靴子形状的领土上，热那亚位于“靴子筒”顶部，是港口城市，很多来自世界各地的船员经常聚集在那里。小时候哥伦布最喜欢做的事情之一就是去码头听水手的冒险故事，他们口中的见闻深深吸引了小哥伦布，使他从小就树立了雄心壮志，以后一定成为水手，去那些神奇的国度看一看。

20岁左右，哥伦布开始了他的航海生涯，并积累了丰富的航海知识。《马可·波罗游纪》对他的吸引力非常大，东方的财富使这个年轻人多次做过黄金美梦。哥伦布相信地球是圆的，认为向西航行可以到达中国、日本和印度。

1484年，哥伦布向葡萄牙国王约翰二世呈上自己的西行计划，遭到了无情拒绝。他没有气馁，而是来到了西班牙。西班牙之行对哥伦布来说也不太顺利。当时，西班牙正在打仗，西班牙国王斐迪南和王后伊萨伯拉把全部精力都放在战争上，根本顾不上哥伦布的事。直到国王的军队取得胜利，斐迪南和伊萨伯拉才抽出时间来听哥伦布描述他的远航计划。哥伦布的想法的确动人，西班牙王室支持并赞助了哥伦布，还与他签订一份协议——《圣塔菲协定》。

1492年8月3日，哥伦布率领圣玛丽亚号、平塔号和尼那号3艘帆船，数十名船员，从西班牙的巴罗斯港启程，开始了他们在大西洋上的航行。3艘帆船沿着东北方向一直向西航行，一个多月的时间里，他们见到的只是茫茫大海和翱翔海面的海鸥。船员们忍受着漫长的旅途，却看不见一片陆地，个个唉声叹气，躁动不安。

10月12日凌晨，平塔号上的一名水手突然大声喊叫："陆地！陆地！"船员们从睡梦中醒来，冲上甲板向西望去，发现确实是一片陆地，所有人都欣喜若狂。船靠岸后，哥伦布穿上红色军服，另外两名船长分别扛着绣有"F"（代表国王斐迪南）和"Y"（代表王后伊萨伯拉）字母的绿色旗帜，率领船员登上陆地。哥伦布以西班牙国王和王后的名义，宣布占领该岛。他挥剑砍去几根树枝以示征服，将该岛命名为"圣萨尔瓦多"。

哥伦布一行在岛上碰到了几名土著，他以为自己到达的是印度群岛中的某个岛屿，因此将土著称为"印第安人"。哥伦布目标明确，就是寻找黄金，圆自己发财的美梦。当他看到当地居民身上有金色的装饰品，非常羡慕，一再追问金色饰品的来源。根据当地居民的手势，他认为这种装饰品来自西南方的某个地方，于是绑架了这几名印第安人，强迫他们带路向南航行。

10月15日，哥伦布抵达了腊姆岛，宣布占领该岛；28日来到古巴岛，这是一个很大的岛屿，哥伦布认为这里是中国的一个省。然而，让他奇怪的是，在古巴岛并没有看到马可·波罗所描述的景象，也找不到他期望的黄金和香料。他只能失望地离开，并继续航行。12月6日，哥伦布到达海地岛。

继续南航的过程中，哥伦布乘坐的圣玛丽亚号意外损坏了，他下令用船的碎片围成栅栏，在美洲建立了第一个殖民据点，取名为“纳维达德”。据点里安放着大炮，并有39名水手守卫。随后，哥伦布便启程回国。

1493年3月15日，哥伦布的船队回到巴罗斯港，受到热烈的欢迎，国王和王后以及王公大臣们穿着礼服接见他。哥伦布向他们报告了这次航行的过程，声称已找到了通往东方的新航路，并希望国王和王后允许他再次出航。

1493年9月25日，哥伦布率领由17艘帆船、约2000名“水手”组成的第二批远航船队出发了。船队先后到达多米尼加等岛屿，并于11月27日第二次抵达海地岛。哥伦布登岛后大吃一惊，纳维达德据点已成了废墟，留下的39名水手因为在岛上抢劫黄金等最终被印第安人消灭了。哥伦布恼羞成怒，对海地岛进行了殖民征服。哥伦布任命他的兄弟为“省长”，建立起了西班牙在美洲的第一个殖民统治机构。并且他发布命令，强迫14岁以上的印第安人缴纳黄金或布匹作为“年贡”，交不足者处以死刑。除此之外，他还驱使当地居民为西班牙占领者进行奴隶劳动，并挑选数百人带回西班牙，卖为奴隶；对于印第安人的反抗，则施以武力镇压。

历史证明，哥伦布远航所到达的地方，不是印度，更不是中国，而是一块“新大陆”——美洲，梦寐以求的遍地黄金也没有出现在哥伦布眼前。1498年3月，哥伦布返回西班牙。同年5月和1502年5月，哥伦布分别再次率领船队西航，但始终徘徊于中、南美洲的一些岛屿和大陆沿海各地。

1506年5月20日，哥伦布在西班牙的巴利亚多利德死去，他的黄金梦同他的躯体一起在世上消失了。

**大航海时代历史纪事**

| | |
|---|---|
| 1488年 | 迪亚士发现好望角。 |
| 1492年 | 哥伦布发现美洲新大陆。 |
| 1498年 | 达·伽马到达印度。 |
| 1519年—1522年 | 麦哲伦船队首次实现环球航行。 |
| 1577年—1580年 | 英国的弗朗西斯·德雷克爵士完成了人类历史上的第二次环球航行。 |

## 传说东方遍地黄金，欧洲人真的来了

《马可·波罗游纪》中对东方世界的描述，深深地触动了欧洲的国王、贵族和僧侣们，让他们产生了无限的遐想和向往，着迷于这些神秘而美好的土地，难以自拔。

怎么能到达东方呢？哥伦布发现新大陆的消息，让欧洲人充满信心，认识到即使一直向前航行，也不会掉出地球，只要航行得足够远，就一定会到达陆地。于是，很多欧洲人紧随哥伦布的脚步，向西方航行。这个航海风靡一时的时代，被称为“大航海时代”。

去海外寻宝的热潮中，有一名葡萄牙水手，叫达·伽马。其他寻宝者都向西航行，他却偏偏向南航行，目的是绕过非洲大陆，一直向东到达印度。

达·伽马并不是第一个想要绕过非洲再到达印度的欧洲人。在他之前，有一些欧洲人曾经尝试过这样的冒险，但不幸的是，他们都因为遭遇各种未知的危险而半途而废。这些不幸的人带回了许多恐怖的故事。比如，海域里有很多嘴特别巨大的水怪，能一口把船吞进肚子里；海域里有漩涡，稍不小心，船就被卷入大海深处；海水像沸腾了一样，热气腾腾、上下翻滚……这些故事尽管有夸张成分和认识上的不足，但均表明航海是一件充满危险的事情。

大海上航行的确险象环生，从一些地名就能知道。例如“好望角”，最初叫“风暴角”，因经常刮风暴而得名。后来，人们为了讨个吉利，把“风暴角”改为了“好望角”。种种恐怖的故事，吓退了许多想要出海的欧洲人，但达·伽马并未因此停下脚步。

1497年7月8日，达·伽马率领4艘船和100多名水手，开始了淘金的梦想。达·伽马的船队从葡萄牙里斯本出发，11月22日抵达好望角后，沿着非洲东部海岸向北航行。次年3月1日，到达了今天的莫桑比克。达·伽马继续北上，来到现今肯尼亚的马林迪。马林迪与印度有历史悠久的贸易往来，是座富裕而美丽的古城。在马林迪，达·伽马看到了停泊在港湾里的印度商船，这让他十分欣喜，以为已经到达印度。上岸后，当达·伽马知道这个地方不是印度后，雇佣了当地人马吉德为其领航。1498年5月20日，达·伽马船队顺利到达印度西海岸的卡利卡特。

达·伽马成功开辟了一条从欧洲绕过非洲南端直接前往东方的航路，这被欧洲人誉为世界航海史上的一个伟大创举。其实，早在15世纪初，中国的郑和便率领世界上最先进、最强大的舰队，先后七次下西洋，在西南太平洋和印度洋纵横驰骋，直达东非沿岸。

达·伽马在卡利卡特登陆后，立了一块大理石纪念碑，以标志葡萄牙对这片土地的占有。他还自称是葡萄牙的“钦差大臣”，要与印度建立“友谊”。但是，在向卡利卡特王公递交的一封信件里，却没有明确的收信人和内容，“友谊”被谎言戳穿了。

1499年9月，达·伽马返回葡萄牙，受到狂热的欢迎，并被授予“印度洋上的海军上将”的称号。从此，西欧与东方之间的直接海上贸易开始变得活跃。然而，在与东方的贸易中，阿拉伯人仍然占据着重要地位，葡萄牙并没有完全建立垄断权。

1502年，达·伽马开始第二次远航，这一次，船队更像是一支远征军，配备有大炮和步兵。1502年6月，达·伽马的舰队进入东非莫桑比克的索法拉，强行在那里建立商站。在基尔瓦，他要求当地的最高长官谢赫向葡萄牙称臣并交纳贡品。谢赫拒绝之后，达·伽马采取阴谋手段，诱骗谢赫上船，威胁他交纳大量贡品。达·伽马的船队在印度洋上航行时，遇上一艘没有任何武装的阿拉伯商船，船上载满货物和乘客。达·伽马下令登船，抢劫船上的货物后，将所有乘客关进船舱，并开炮轰击，直到这艘商船沉没。达·伽马的船队再次到达印度的卡利卡特时，立即对城市进行炮击，并把抓获的印度渔民吊起来施以酷刑。他还在该地区俘获一艘装载布匹、金银的印度商船，不仅抢光货物，还把船上的妇女全部掳走。此外，他还在印度西南海岸建造起殖民据点，留下一支分舰队，控制印度洋的航线。1503 年 2 月，达·伽马完成殖民使命后，启程回国。

由此，西欧通往东方的航路完全打通，葡萄牙殖民者和冒险家纷纷前往东方。1524 年，达·伽马被任命为葡萄牙的“印度总督”，第三次来到印度，随后不久就因病去世。达·伽马既是一名航海家，又是一个殖民者，他开拓的新航线，开辟了欧洲进行殖民掠夺扩张的新时代。

## “全才”达·芬奇的惊天创造力

达·芬奇，几乎人人都知道，即便你未对他做过深入了解，但一定听说过。我们基本上都认为他是一位伟大的天才画家，但他其实还是人类文明史上罕见的全才。

达·芬奇除了画家身份外，还是雕塑家、建筑师、诗人、哲学家、音乐家、解剖学家、数学家、物理学家、天文学家、地质学家和工程师等。这些都不是虚名，他在这些领域同样做出了杰出的贡献。比如，直升机、降落伞、冲锋枪、手榴弹、坦克、潜水艇、起重机，水下呼吸装置、发条传动装置、滚珠装置、反向螺旋、差动螺旋、纺织物扩张器，挖河机……达·芬奇都绘制过相关的示意图，科学家在分析后发现这些奇思妙想大都能实现。

毋庸置疑，达·芬奇是位天才画家，雕像、写生画和插图等都是有力的佐证，至于他在其他领域取得的成绩，就像《蒙娜丽莎》的微笑一样，既迷人又让人不解他是怎样做到的。不过，有趣的是，他的所有发明都简练明了，让人很难想象他是通过诸如草图、计算等方式来进行研究工作的。

有人提出假设，达·芬奇的背后可能存在一个团队。因为当年，爱迪生身边就有一批聪明能干的助手，协助他完成各项发明。但史学家把与达·芬奇有关的信息研究了个遍，也没发现有关团队的任何蛛丝马迹。唯一值得注意的是，达·芬奇有一位形影不离的仆人，叫托马兹·玛齐尼。

相关资料记载，托马兹·玛齐尼中等身材、体格强壮，面孔上嵌着一对深灰色的眼睛。早年，他跋山涉水到东方旅行，返回时带着一个大箱子，里面装满了老旧的古埃及人、古阿拉伯人写的羊皮卷。后来，他成为一位杰出的匠师，展现出出色的机械技巧、雕刻艺术、模压工程以及化学研究能力。然而，他并不喜欢炫耀自己的成绩，也不愿意让他人知道自己的技能和才华。

在一本达·芬奇的传记中，作者记述达·芬奇 19 岁时曾写道："他经常拜访当时社会上有名望的天文学家、数学家、地理学家、医生、建筑师、史学家，参加他们的学术讨论会。每到一处，达·芬奇身后总跟着一位影形不离的忠实仆人，他的名字就叫托马兹·玛齐尼。他站在那里，默默地听着学者们的争论。"

另一本传记中，意大利传记作家称玛齐尼是达·芬奇的忠实朋友和助手。

"……少年达·芬奇是画家安德烈·凡洛凯奥的学生。他常常和一些少年朋友们怀着好奇心来到当地术士玛齐尼的'山洞'里做客。这'山洞'其实就是玛齐尼的铸造作坊。

“一次，少年画家们临走前，玛齐尼拍拍达·芬奇的肩膀，说：‘请你留步。’

“等其他人走后，玛齐尼回到洞内，锁上山洞的门。他走近洞墙稍稍提起一个突出墙外的杠杆，呈现在达·芬奇眼前的是一个黑暗的陷坑。原来，这是一条秘密隧道。玛齐尼点燃一根蜡烛引着他，微微低着头走进隧道。两人来到隧道尽头的一个壁龛前，只见壁龛内放着一只巨大的金属箱子。玛齐尼轻轻打开箱盖，让他随便拿里面的羊皮纸卷……

“少年达·芬奇随意拿出一张纸卷，在烛光前铺开一看——‘啊！’他惊得目瞪口呆，‘怎么人能在张开的翅膀下飞行……

“玛齐尼在自己的‘山洞’里，款待年轻画家，鼓励他辩论各种问题。他们越谈越亲密，他们不顾社会等级的差别成为生死之交……”

根据一些传记材料，显然达·芬奇的观点和发明不能完全属于他一个人，其中有一位不可低估的战友和合作者，这就是玛齐尼！假如这种推测成立，达·芬奇、玛齐尼又是怎么完成这么多的发明创造的呢？秘密就在玛齐尼带回来的箱子里，各种羊皮卷上记录的信息，才是他俩发明创造的原型。可是，另一些历史学家认为，托马兹·玛齐尼完全是臆造的人物。

还有一些专家认为，虽说达·芬奇一生不可能独立发明、创造这么多东西，但其中的一些有可能是对古人发明进行的改良和再创造。有位史学家曾在丹麦首都哥本哈根发现1325年佛来米派艺术家的一些手稿，其中就有类似直升机结构的画稿。还有史学家在圣马尔科图书馆和圣多斯比里托图书馆中发现一些早于达·芬奇时期的书籍和文稿，从中找到了达·芬奇的某些画稿和发明的渊源。再说，达·芬奇长期以来与东方祭司有密切往来。大家知道，祭司不只是古代精神文明的继承人，也是古代物质文明的继承人。可能他们手中掌握着某些“现成的方案”。或许，达·芬奇从他们手中获得了一部分，并结合自己的想法加以改进……

达·芬奇不仅给后人留下了许多宝贵的精神财富和物质财富，他的“全才”也值得后人去探讨，不管怎样都不应轻视。

## 意大利文艺复兴代表人物

### 一、文学三杰

1. 但丁（1265年—1321年）　现代意大利语的奠基者，欧洲文艺复兴时代的开拓人物之一，代表作《神曲》。

2. 彼特拉克（1304年—1374年）　意大利学者、诗人，人文主义先驱之一，被誉为“文艺复兴之父”。

3. 薄伽丘（1313年—1375年）　意大利文艺复兴时期的作家、诗人，代表作《十日谈》批判宗教守旧思想，主张“幸福在人间”。

### 二、美术三杰

1. 达·芬奇（1452年—1519年）　意大利文艺复兴时期著名的画家、

自然学家、工程师，代表作有《最后的晚餐》《蒙娜丽莎》《岩间圣母》。

2. 拉斐尔（1483 年—1520 年）　意大利文艺复兴时期著名的画家，以母性的温情和青春健美而体现人文主义思想。代表作《带金莺的圣母》《卡斯蒂廖内像》《披纱女子像》。

3. 米开朗琪罗（1475 年—1564 年），意大利文艺复兴时期著名的绘画家、雕塑家、建筑师、诗人，代表作《摩西》《奴隶》《大卫》。

## 非洲黑奴的命运到底有多凄惨

大航海时代，欧洲人远涉重洋来到美洲，发现这里土地肥沃，如果种植甘蔗、烟草、棉花等热带经济作物，准能赚得盆满钵满。然而，这些作物的种植和采收都是非常辛苦的工作，需要大量劳动力。该如何解决劳动力不足的问题呢？

殖民者们一直在寻找解决劳动力问题的方法，但一直未能找到满意的答案。面对美洲劳动力短缺的局面，葡萄牙商人从中发现商机，并找到了解决问题的办法。1511 年，一艘葡萄牙商船首次从西非贩运 50 名黑奴到中美洲的圣多明各进行出售。从此长达四个世纪的所谓“大西洋奴隶贸易”开始了，西班牙、荷兰、英国、法国、比利时和丹麦等国也相继参与这项贸易。

当时，从非洲内陆通往沿海地区的路上，经常可以看到这样的场景：向导在前面引路，中间是一队长长的奴隶，他们被奴隶贩子用绳子连成一队，背着象牙和食物，末尾则是武装人员。欧洲奴隶贩子在海边设置贸易据点，小的奴隶贩子直接把奴隶和象牙卖给大的奴隶商贩。欧洲奴隶商贩把象牙称为“白象牙”，把非洲奴隶称为“黑象牙”或“乌木”。在他们的眼里，奴隶是和象牙、木头一样能给他们带来财富的商品。此外，为了使从内陆运来的奴隶与船的装载、运输节奏相匹配，欧洲奴隶商贩沿非洲海岸建造了许多囚奴堡，仅西非海岸就有近 50 个。

“囚奴堡”，仅听这个名字，就让人发怵，它比监狱的条件还要恶劣，其中关押的奴隶的生存状况远不如普通犯人。现今，非洲沿岸仍保存着多处囚禁奴隶的堡垒，如塞内加尔佛得角海湾上的戈雷岛囚奴堡。囚奴堡地下通常设有男、女、儿童等囚室。男奴囚室每间只有五六平方米，通常关押 15—20 名奴隶，他们戴着脚镣坐在潮湿的地面上。“姑娘囚室”比男、女囚室的待遇要好一点，多一个小便坑，活动余地稍宽点，因为姑娘的身价比一般男、女奴要高。儿童囚室则是窄长的房间，终日见不到阳光，儿童像沙丁鱼一样一个挨一个地躺着。此外，还有一个名为“养肥室”的房间。在交易中男性黑奴的体重达 60 千克才有价值，重量不足的会被送到养肥室，供给他们特殊的食物，以在短期内增加其体重。

对于奴隶的价格是有一套标准的。男性黑奴按照体重和肌肉情况，儿童按照牙齿，女奴则按照乳房形状来估价。通常体重60千克及以上的男奴或未婚姑娘，能换到一桶酒；一个黑人儿童只值一面镜子。

买卖双方成交后，奴隶贩子会在奴隶的四肢和胸膛上烙上印记，以表示他们归属于谁。接着，奴隶便被强迫登上开往美洲的船。

经历种种磨难到达美洲后，黑奴会像牲口一样被赶到奴隶交易市场，等待买主。在被卖出之前，奴隶贩子通常会将黑奴“打扮一番”。然而，这并不是出于良心，而是因为经历长时间的海上航行，黑奴们的身体通常很糟糕。如果男性黑奴身体不强壮，可能无法卖出更好的价钱。对此，奴隶贩子会给其提供丰盛的食物，让他们快速恢复体力。另外，奴隶贩子还会在他们身上抹上黄油以遮掩伤疤，让他们显得更精神。

至于被称为“姑娘”的女黑奴，也就是未婚的或未成年的女性。奴隶贩子会把她们变成“繁殖机器”。对于达到生育年龄的女性黑奴，会强迫她们与强壮的男性黑奴进行繁育，并怀孕生下孩子；孩子一旦长大成人，便会被卖给种植园主。未达到生育年龄的女性黑奴，奴隶贩子会把她们养到生育年龄，再给自己赚钱。为了鼓励女性黑奴多生孩子，奴隶贩子还会设立奖励机制。比如，当生育10个孩子以上，可以考虑解除她的奴隶身份，使其恢复成自由人。然而美国文献记载，有位生育能力超强的女性黑奴，接连生下双胞胎。当她41岁时，已经生了41个孩子，然而她依然没有获得自由。

靠这些残忍手段，奴隶贩子或奴隶主可以在很短的时间内出售或拥有大量黑奴，从而获得巨额利润。据说，哥伦布的儿子迭戈·哥伦布曾担任圣多明各的总督，经营大型种植园，从事奴隶贸易，就是一名大奴隶主。

这些奴隶主和奴隶贩子不仅通过残忍手段获得巨额财富，而且还使用这些财富左右着政治和舆论。比如，乔治三世统治英国时期，首相诺思表示："欧洲各国几乎都离不开这项贸易，要叫这些国家全都停止，简直是不可能的。"法国国王路易十四也曾公然保护奴隶贸易，甚至起草了《黑人法》。西班牙主教在 1517 年开始批准向美洲输出奴隶，墨西哥首任主教也积极倡导奴隶贸易。

黑人奴隶贸易一直持续到 19 世纪末，直到布鲁塞尔会议通过禁止黑人奴隶贸易的总决议书，罪恶的黑奴贸易才在世界范围内基本结束。

## 马丁·路德宗教改革，动了谁的奶酪

1517 年，罗马教皇重修圣彼得大教堂，遭遇资金困难，于是就派特使到德国兜售"赎罪券"。罗马教皇是骑在德国民众头上的"太上皇"，控制着德国 7 个选侯中的 3 个，以及整个教会。德国官方更是被称为教皇的"奶牛"，教皇每年从德国榨取的钱财，比德国皇帝的年收入还多几倍。

什么是"赎罪券"呢？当时的教士曾鼓吹，有罪的人只要花钱买了赎罪券，死后灵魂将不再受苦受难，可以直接飞升到天堂。10 月 31 日，人们来到维滕贝格教堂做弥撒时，被门口贴着的一张大纸所吸引，纸上用拉丁文写着《关于赎罪券效能的辩论》的标题，并指出了教会的 95 项错误，署名为马丁·路德。

马丁·路德于 1483 年 11 月 10 日出生在德国萨克森地区的艾斯莱本，

祖辈务农。路德出生不久，全家迁居曼斯菲尔德，父亲在这个冶铁中心当了矿工，以后经营小熔铁炉，成了小业主。1501 年，路德进入埃尔福特大学求学。埃尔福特大学是德国著名的大学之一，既是繁琐哲学的中心，也是人文主义者活动的据点。在这里，路德同人文主义者过从甚密，深受他们的影响。路德读书用功，1505 年毕业时获得了法学硕士学位。这年夏天，路德到埃尔福特的奥古斯丁修道院，研读神学书籍。1512 年，路德获得神学博士学位，不久被聘为萨克森邦国内维滕贝格大学哲学和神学教授。

路德具有十分渊博的神学知识，受到著名的捷克宗教改革家胡斯等人的思想影响，加之目睹教皇和教会的腐朽，产生了改革宗教的思想。

路德在论纲中强调，教皇没有赦免罪恶的权力，赎罪券不能够免罪，教皇兜售赎罪券只是为了满足贪欲。路德还质问教皇，为何不用自己的钱，而是花费信徒们的钱来重建圣彼得教堂。他呼吁人们不要购买赎罪券，只要真诚悔罪，就可以获得赦罪或免罚。路德指责罗马教皇犯下的愚蠢错误，深得人心，一场宗教改革运动迅速席卷全国。

罗马教皇自知理亏，但碍于面子，宣布对路德进行惩处。随后，罗马教皇希望这件事能和平结束，路德却置之不理。教皇让路德到罗马受审，但由于受到萨克森选侯等人的保护，路德没有去罗马。1519 年，路德及其支持者同罗马教皇的代表，在莱比锡举行辩论会。路德公开申明自己认可胡斯的观点。1520 年 6 月，教皇发出通谕，斥责路德的论点，并宣布路德学说为“异端”，路德本人是“魔鬼、猛兽”。冲突再次升级，路德接连发表了德国宗教改革的三大论著——《论德国基督徒的尊严》《论教会的巴比伦之囚》《论基督徒的自由》，强调《圣经》才是唯一的信仰权威，否认教皇的权威，强调每一个教徒都有权读《圣经》，反动教皇、主教等对《圣经》训导权的垄断；反对罗马教廷设立的繁文缛节，主张建立“廉俭教会”。教皇大怒，发布通谕，宣布开除路德的教籍。

路德因为不满教皇的通谕，在维滕贝格把教皇通谕和教廷法典公开烧毁。在路德的鼓动下，许多人也放弃了对天主教会和教皇的信仰，不再服从教皇的权威。路德的这一行为导致教会失去了很多教徒。为了解决这一问题，罗马教皇请查理五世出面调解争端。查理五世不仅是西班牙国王，也是奥地利和德国的皇帝，他命令路德到德国的沃尔姆斯城接受审判，并且保证，绝对不会伤害路德。路德到了沃尔姆斯后，查理五世命令路德收回之前的言论，但遭到了路德的拒绝。这让一些贵族感到愤怒，强烈要求查理五世对路德处以火刑。最终，查理五世没有出尔反尔，放走了路德。

路德不在乎自己的安全，但萨克森选非常担心他被教皇迫害，就把路德藏在瓦特堡。一藏就是 10 个月，在这段时间里，路德把《圣经》译成了德语。

后来，反对教皇所作所为的人被称为“新教徒”。这次抗议之后，新教会逐渐成长起来，称为“新教”，直到今天仍被称作“新教”。这个时期被称为宗教改革时期。

## 解锁莎士比亚的多重身份

威廉·莎士比亚，赫赫有名的戏剧大师，欧洲文艺复兴时期最伟大的戏剧作家，一生写出了许多经典作品，如《哈姆雷特》《威尼斯商人》《罗密欧与朱丽叶》等。现在，这些作品依然能吸引大量观众。莎士比亚的粉丝不计其数，遍布世界各个角落。

我们都在赞叹莎士比亚的作品，但他的身世鲜有人知道。在有限的资料中，莎士比亚出生于英国埃文河畔斯特拉特福镇的一个农民家庭里，干过剧场的杂役，在一些小戏剧里跑过龙套。基于此，有人认为，虽然莎士比亚剧作中有大量关于宫廷和贵族生活的描述，但以他的身份和家庭状况，是无法知道那么多有关宫廷和贵族的生活琐事的，况且以他的受教育程度，也难以写出那么华美生动的作品。甚至即使是像狄更斯那样的大家，也对莎士比亚是否能够写出那些作品产生过怀疑，他曾经表示“一定要揭开莎士比亚作品真伪之谜”。

1856 年，美国作家德丽雅·培根撰文称，莎士比亚剧作的真正作者应为英国著名哲学家——弗兰西斯·培根。他的理由如下。

其一，莎士比亚剧作内容上至天文，下至地理，外及异邦，内涉宫闱，面面俱到，博大精深，出身卑微的莎士比亚，知识储备和生活体验不可能达到这个层次，因而出自一位哲人之手更合乎情理。

其二，莎士比亚所处的时代是伊丽莎白王朝在社会、宗教、政治诸方面都发生极大骚乱的时期。出版审查特别严格，而且上流社会、知识阶层以写戏、演戏为耻辱。但是在牛津大学、剑桥大学、伦敦法学院内，仍有一些学生暗地里演戏。撰写剧本的人或许迫于社会原因，就敷衍想出一个莎士比亚的笔名。同时因为与所有人相比，唯独培根文才出众，阅历丰富，因此培根可能是莎士比亚剧作的作者。

其三，在哲学家培根的遗嘱中，莎士比亚墓碑上以及莎士比亚剧本台词中居然可以拼出内容为“莎士比亚作品系培根所著”的“密码”。

这种观点还没站稳脚跟，就被他人推翻，因为与莎士比亚同代的弗兰西斯·培根，在语言风格、思维形式方面，迥异于莎士比亚。至于所谓的“密码”，更是荒唐离奇，纯粹属于自我臆造。

1920 年，英国一名叫托马斯·卢尼的校长提出，爱德华·德韦尔是莎士比亚剧作的作者。德韦尔是牛津伯爵，伊丽莎白的表兄，受财政大臣威廉·伯利的监护，后来成为他的女婿。这些关系使牛津伯爵成了宫廷的常客，对宫廷生活特别熟悉，并且他还是公认的诗人和剧作家。

从一些历史记载中，卢尼还发现了很多可以将牛津伯爵与莎士比亚剧作联系起来的材料。例如，牛津伯爵1575年去过意大利，并在帕多瓦、热那亚、威尼斯和佛罗伦萨逗留过，这一事实可以解释莎士比亚戏剧中有这些方面的内容。而且牛津伯爵的身份和他所处的环境，要求他必须隐瞒自己的真实姓名。卢尼相信《哈姆雷特》这一剧作可以说是牛津伯爵的自传，因为牛津伯爵与哈姆雷特有如出一辙的经历。

美国文艺批评家加尔文·霍夫曼在20世纪50年代提出，莎士比亚剧作的真正作者是与莎士比亚同年出生的剧作家克利斯多菲·马洛。这种假设远比牛津伯爵说、培根说具有说服力。

马洛是一位才华横溢的作家，不幸的是在29岁时就去世了。马洛在剑桥上学时就已在英国间谍组织头目托马斯·沃星海手下工作了。后来由于他思想倾向自由，被人控告犯有不信神罪，同间谍组织的关系破裂了。1593年5月30日，马洛为躲避鼠疫同三个人结伴来到伦敦近郊的杰普特福特，当晚因为金钱与英格兰姆·弗里泽发生激烈争吵，被弗里泽用匕首杀死。

霍夫曼提出了一个大胆的假设：死于弗里泽刀下的是一个外地海员而非马洛。这是间谍头目沃星海为保护马洛而设的骗局，马洛本人则逃到了欧洲大陆。马洛在隐居期间，把署名为“莎士比亚”的剧本寄回英国。不久，英国就出现了莎士比亚的作品。1609年，伦敦出版商托马斯·索普首次出版莎士比亚十四行诗集时，卷首写了一段谜语式的文字：“献给这些十四行诗的唯一促成者，W. H. 先生”。W. H. 究竟指谁，曾引起广泛的猜测。霍夫曼认为应该是一个姓氏的缩写。1953年，在翻修剑桥一个学院时发现一块彩色板，上面有一个年轻人的画像。因为马洛曾在这里学习过，有人便断定是他的画像，并且画像与1623年刊行的莎士比亚全集初版的封面肖像非常相像。

关于莎士比亚剧作的作者是谁，有可能成为文学史上的一个谜团。不过，“他”留下的这些作品，在世界文学史上都是不朽的名作，世人将永远对其怀有景仰之情。

## 莎士比亚重要作品创作年代

| | |
|---|---|
| 1590年 | 《亨利六世》上篇 |
| 1591年 | 《亨利六世》中篇、《亨利六世》下篇 |
| 1592年 | 《理查三世》 |
| 1594年 | 《罗密欧与朱丽叶》《爱的徒劳》 |
| 1595年 | 《仲夏夜之梦》《理查二世》 |
| 1596年 | 《约翰王》《威尼斯商人》 |
| 1597年 | 《亨利四世》上篇 |
| 1598年 | 《亨利四世》下篇、《无事生非》 |
| 1601年 | 《哈姆雷特》 |
| 1605年 | 《李尔王》《麦克白》 |
| 1610年 | 《辛白林》 |
| 1611年 | 《冬天的故事》《暴风雨》 |

## 西班牙“无敌舰队”的覆灭之路

自从哥伦布发现了美洲大陆后，大量的财富流向了西班牙。到了16世纪中期，西班牙凭借自己的海军力量成为欧洲最强大的国家，垄断了欧、美、非、亚四大洲的贸易，是名副其实的海上霸主。而此时的英国，资本主义开始发展，急需拓展海外市场，不断以海盗的方式骚扰西班牙商船，使得海上霸主西班牙与“海盗”英国的矛盾日益尖锐，不可调和，大战一触即发。

1588年，西班牙国王腓力二世为了维护西班牙“海上霸主”的地位，下令组织一支庞大的船队。1588年2月18日，腓力二世签署命令，任命梅迪纳–西多尼亚公爵为舰队司令官。4月25日，国王在首都里斯本的大教堂里，给这支舰队举行授旗仪式，称它为“最幸运的舰队”，后人称之为“无敌舰队”，因为它拥有一百多艘舰船，2万多名海军和水手，是当时世界上规模最庞大的海军舰队。

5月28日，西多尼亚公爵乘坐的圣马丁号首先扬帆起锚，驶出里斯本港口，其他舰船也随后起航。用了两个昼夜，“无敌舰队”才全部驶出港口，开始向英国的远征。

西班牙舰队出征的消息传到伦敦，伊丽莎白女王下令迎战。在海军装备方面，英国远不如西班牙，但是在面临西班牙侵略的紧要关头，英国各阶层都被动员起来了，那些热衷于进行海外贸易、殖民扩张的商人则更加积极。沿海城市纷纷自备战船参战，大批民兵应征集结。王室、船主、商人、海盗的舰船集中起来，凑成了一支舰队，由海军上将霍华德和海军中将德雷克指挥。

1588 年 8 月，大西洋上，西班牙“无敌舰队”由南向北顺风疾驶，舰队司令官西尼多亚公爵站在甲板上，双眉紧锁，凝视远方。一丝不祥预感萦绕在西多尼亚公爵的心头，怎么也驱赶不散。他的担忧不是空穴来风，神出鬼没的德雷克正准备向他的舰队发动攻击。双方经过一番较量，最终英国的舰队在德雷克的带领下，击败了西班牙的“无敌舰队”。

关于“无敌舰队”的覆灭，许多学者撰文分析，归纳起来，主要有三种论点。

第一种观点，从实力上进行分析认为，16 世纪西班牙盛极一时，殖民和海上贸易遍及亚、非、欧和美洲大陆，但这种繁荣仅仅是表面现象。

第二种观点，西班牙“无敌舰队”的覆灭，是由于西班牙国王腓力二世用人不当造成的。舰队司令官西尼多亚公爵，是腓力二世临时任命的。原本任命的将领意外死亡了，腓力二世只好让西尼多亚公爵接任。西尼多亚公爵虽被视为出色的将军，但缺乏海战经验，甚至在出海后出现晕船的情况。当时，英国海军力量薄弱，伊丽莎白女王任命霍华德勋爵出任司令官，霍华德与西尼多亚公爵差不多，但他经伊丽莎白女王许可，任命德雷克和霍金斯这两名海盗首领为分舰队司令。他们常年活动在海上，作战经验丰富，对消灭“无敌舰队”起到了关键作用。

第三种观点，天灾是“无敌舰队”覆灭的主要原因。无敌舰队5月起航时，大西洋上风高浪险，航行困难。舰队进入柯鲁拉港避风时，发现很多食物腐烂了，淡水也漏掉很多，并且很多士兵生病。史料记载，西尼多亚公爵向腓力二世上书，建议暂缓远征，但遭到腓力二世拒绝。西尼多亚公爵只好勉强出港。这种状态下，官兵士气低迷，失败也就显而易见。

“无敌舰队”战败后，仓皇回国，在苏格兰北部海域，遭遇大风暴袭击，损失惨重。

“无敌舰队”失败的真正原因究竟是什么呢？这只有当事人知道，后人给出的种种观点，仅是推测而已。

不过，“无敌舰队”残部回到西班牙后，腓力二世并没有从这个沉重的打击中清醒过来，他竟然夸下海口说：“如果我愿意的话，仍能很容易再建一支舰队。”实际上，“海上霸主”西班牙自此一蹶不振，急速衰落，英国则一跃而起成为海上强国。

## 腓力二世时期历史纪事

**1557年** 西班牙军队在圣康坦战役中击败法国军队。

**1559年** 英国、西班牙为结束意大利战争而与法国缔结《卡托-康布雷齐和约》。

**1567年** 腓力二世下令宣布相关法令，限制摩尔人的宗教、语言和文化自由。

1571年 奥斯曼军队占领塞浦路斯，腓力二世与教皇以及威尼斯结成同盟，组成了一支强大的海上远征军。

1588年 西班牙建立了历史上赫赫有名的“无敌舰队”，与英国在海上交战，结果惨败。

## 查理一世：英国史上唯一一个被砍头的国王

1625 年，英国斯图亚特王朝的国王詹姆斯一世去世，儿子查理一世接替王位。查理一世认为君权神授，即国王的权力是神授的，不受制于国会或人民。查理一世的观点与詹姆斯一世非常相似。

1640 年 4 月，查理一世为了筹措军费讨伐苏格兰人，需要国会提供经费支持。然而，国会拒绝提供任何资金。查理一世感到非常丢脸，于是决定强行解散国会。议员们和社会各界都非常愤怒，对此表示强烈不满。查理一世意识到自己将要丧失国会的支持，他开始接受国会的要求，以保住自己的王位。

查理一世有个宠臣，叫斯特拉福，是个侯爵，这家伙恃宠而骄，拿国王当靠山，不把国会放在眼里。国会忍无可忍，要求国王处决斯特拉福。丢车保帅，查理一世被迫同意。11 月，国会通过《大抗议书》，详细列举国王的种种罪行。查理一世亲自前往国会，打算逮捕 5 名反对派领袖。不料消息被泄露，5 名议员躲了起来，查理一世扑了个空。

一星期后，国会门外锣鼓喧天，热闹非凡，像盛大节日一样。原来，查理一世要抓的那5名议员在军乐队的护送下，回到了国会。国会的庆祝活动格外引人注目，人们都能看出这是在向国王示威。

查理一世咽不下这口气，决定用武力解决国会，可他自己手中又没有部队，于是他就离开首都，出去招兵买马。1642年8月，查理一世在诺丁汉起兵，正式向国会宣战。英国内战由此开始。

战争初期，双方打个平手，谁也不能一下吃掉对方。僵持阶段，国会方面出现一位杰出的将领，他就是克伦威尔。

克伦威尔征召了一支骑兵部队，主要由农民、仆从、车夫和船家等普通人组成，叫“铁骑军”。别看这支骑兵来自社会底层，其作战却非常勇猛，在马斯顿草原战役中，把国王的军队打得落花流水。随后，查理一世逃往苏格兰。苏格兰是斯图亚特王族的发迹之地，查理一世有难，本来应该受到苏格兰人的保护，但苏格兰没有伸出援助之手，反而以40万英镑的价格把他卖给了国会，这也表明查理一世已备受人民厌恶。

国会把查理一世关进了赫姆比城堡。然而，查理一世随后竟成功越狱，重新纠集保王党发动第二次内战。但查理一世很快又被克伦威尔的军队打败。

国会军胜利以后，内部矛盾也浮现了出来。国会中派系林立，长老派代表大贵族、大资产阶级利益，主张向国王妥协。掌握军队的独立派和新模范军首领克伦威尔知道国王一旦复位，自己必定会受到严惩。

如何处置国王，克伦威尔及独立派的态度非常坚决。他们认为查理一世是暴君、逆贼、杀人犯、人民公敌，应该被处死。克伦威尔甚至发表公开讲话，说：“我们将把国王连同他的王冠一起砍掉。”

处死国王，在欧洲没有先例。上议院议长为查理一世辩解道：“整个国家都是国王的，国王怎么可能背叛自己，犯下叛国罪？”还有一些贵族也认为，到底是国王举兵发动反对国会的战争，还是国会举兵发动反对国王的战争，仍有待查证。因此，贵族把持的上院否决了下院审判国王的议案。但是，下院态度坚决，甚至干脆剥夺了上议院的否决权，并组织最高法院独立审判查理一世。

第一轮审判时，查理一世还摆出一副高高在上的样子，不停地用手杖敲打检察长的肩膀。到第三轮审判时，查理一世不再挑衅检察长，当判决他为“暴君、逆贼、杀人犯、人民公敌，应该斩首”时，查理一世像斗败了的公鸡一样瘫坐在地上。

1649 年 1 月 29 日，克伦威尔起草查理一世的死刑执行令，并与最高法院院长共同签署了该命令。命令指出：“英国前国王查理·斯图亚特犯有叛国罪和其他严重罪行，经过审讯证实，本法庭在上星期六已经宣判他死刑：斩首。现特令你们在翌日上午 10 时至当日下午 5 时，前往白厅广场监斩。”

次日即将上断头台，查理一世无法入眠。凌晨两点，他身体冰凉，想多穿几件衣服，对看守说：“天气这么冷，我可能会出现发抖的情况，届时现场观看的人们可能会认为我害怕。我不害怕死亡，更不想做懦夫。”

天亮后，主教为查理一世祈祷和主持了圣礼。上午10时，一名监斩上校把查理一世带往刑场。中午12时，查理一世喝了一杯葡萄酒，吃了一片面包，这就是他的最后一餐。13时，监斩上校带领查理一世上了断头台。查理一世临死之前，想和主教、上校说几句遗言，却不慎碰了一下斧子。他忙回过头来说："别弄坏斧子，弄坏的话，对我伤害更厉害。"主教安慰道："这只是很短暂的一步路程，然后它将带你走上一条伟大的道路，引导你从人间走到天堂。"

查理一世的死，预示着英国封建王朝的终结和资产阶级革命的胜利。

## 查理一世时期历史纪事

| | |
|---|---|
| 1625年 | 查理一世继位后迎娶法国国王路易十三的妹妹亨利埃塔·玛利亚。 |
| 1628年 | 国会向查理一世提出一份《权利请愿书》，引证历史上的《大宪章》的条文，要求限制国王的权力。 |
| 1633年 | 查理一世任命威廉·劳德为坎特伯雷大主教，试图借此使英格兰与苏格兰统一。 |
| 1640年 | 查理一世为了筹措军费讨伐苏格兰人，重开议会，遭到国会拒绝。 |
| 1642年 | 查理一世在诺丁汉起兵，英国内战开始。 |
| 1649年 | 查理一世于1月30日，走上断头台，结束了49岁的一生。 |

# 第七章

## 狂野绽放
## 改变世界面貌的工业革命时代

## 喜好文艺的军事天才

普鲁士最初是条顿骑士团在东欧建立的一个封建领地，后来被波兰吞并，再后来成为神圣罗马帝国的一个选帝侯国。1701年，神圣罗马帝国皇帝利奥波德一世在西班牙王位继承的战争中陷入孤立境地，勃兰登堡选帝侯腓特烈一世与皇帝结盟，并派出援军。随后，利奥波德一世出于感激授予腓特烈一世“普鲁士国王”的称号，普鲁士王国正式诞生。

腓特烈一世死后，儿子腓特烈·威廉一世继位。腓特烈·威廉一世有位王子叫弗里茨，他就是后来的腓特烈二世。

腓特烈·威廉一世有个嗜好，喜欢个子特别高的人。只要他听到哪里有个子特别高的人，就会把那人挖过来，再把他们组成一支巨人军队。不仅如此，腓特烈·威廉一世脾气古怪，喜怒无常，对自己的孩子也缺乏耐心。腓特烈·威廉一世想让弗里茨为一名英勇的战士，但是弗里茨却非常热爱音乐和写作，这让他非常不满，经常责骂弗里茨不务正业，整天只会歌唱和写诗，不愿意提高骑马、射箭和带兵打仗等能力。

腓特烈·威廉一世惩罚弗里茨的方式也很极端。每当他犯错，腓特烈·威廉一世就会用藤条抽打他，有一次还拿起碟子朝着弗里茨砸去。最严重时，腓特烈·威廉一世甚至把弗里茨关在屋子里，每天只给他提供一些勉强保住生命的面包和水。

最终，弗里茨无法忍受父亲的严厉管制，逃出宫殿，离家出走了。不幸的是，他还是被抓了回来，并且离家出走的行为令腓特烈·威廉一世更愤怒，甚至要处死弗里茨。幸运的是周围的人纷纷求情，腓特烈·威廉一世才罢休。如果没有周围人的求情，普鲁士或许将失去一位英勇、智慧的国王，普鲁士的历史也许会因此而改写。

人们以为，这位热爱艺术的王子长大后不会成为战士，更不会有所作为。然而，出乎意料的是，弗里茨成了一名英勇的战士。他热爱诗歌，喜欢音乐，同时还有更远大的志向：让普鲁士成为欧洲最强大的国家。为了实现这个愿望，他选择对外扩张。那么，他的目标是谁呢？

当弗里茨继承普鲁士王位时，邻国奥地利的统治者去世了，由于缺乏男性继承人，玛丽娅·特雷西亚成为合法继承者。然而，她的继位引发了其他国家的争议，因为一些国家不承认女性继承王位。弗里茨也利用特雷西亚的继位问题，对奥地利发动战争，想要攻占奥地利控制的西里西亚。

事实上，弗里茨的这一举动违背了他父亲的意愿。在腓特烈·威廉一世统治时期，普鲁士和奥地利之间曾有过一个约定：普鲁士不会向奥地利发起攻击。弗里茨才不管这些，凭借着巨大的决心和战略眼光，带领普鲁士军队向奥地利袭来。

普鲁士和奥地利之间的战争刚刚开始，其他欧洲国家就参与其中，为自己的利益而战。有的国家支持弗里茨，有的国家则帮助特雷西亚抗击普鲁士。最终，奥地利把几乎整个西里西亚割让给了普鲁士。奥地利女王玛丽娅·特雷西亚也是一位女英雄，虽然奥地利战败了，但她并没有放弃，而是暗中集结部队，联系一些国家形成同盟。

可悲的是，特雷西亚女王遇到一个强大的对手，在她行动前，弗里茨就完全掌握了局势。为了让特雷西亚绝望，弗里茨再次发动对奥地利的战争，这场战争就是欧洲历史上著名的“七年战争”，对奥地利的政治和经济产生了重大影响。弗里茨最终牢牢地掌控了西里西亚，实现了自己的梦想，让普鲁士成为欧洲最强大的国家之一，也因此赢得了“腓特烈大帝”的称号。

普奥七年战争期间，英国和法国在美洲殖民地上也发生了冲突，这也是七年战争的一部分，即所谓的“分战场”。为什么这样说呢？因为英国支持普鲁士，而法国和其他国家支持奥地利。最终，英国和腓特烈大帝取得胜利。这个胜利对今天的美国人来说有着深远的意义。如果当年法国赢了，今天美国人的主要语言可能就不是英语而是法语了。

在语言方面，腓特烈大帝有特殊的语言习惯。腓特烈大帝是普鲁士人，按说应该说德语，但他却认为德语不好听，只有一些没有受过教育的人或粗鄙的人才说德语，而他自己除非是与仆人或不懂法语的人讲话，才使用德语，其他时候，无论是书写还是说话，都使用法语。

腓特烈大帝执政 46 年，为了从其他国家得到利益和好处，他不惜采用一切手段，但对待自己的国民，他却非常宽厚。为了使国民过上幸福的生活，就算与世界为敌，他也毫不犹豫。

腓特烈大帝有多爱护他的子民呢？也许下面这个故事可以给我们一些启发。在腓特烈大帝的宫殿附近，有一个非常破旧的磨坊。它不仅影响了宫殿周围的风景，还与华丽的宫殿形成鲜明对比。每次看到磨坊，腓特烈大帝都感到非常烦躁。他出高价想将其买下来，然后再拆除，然而磨坊的主人似乎在与他较劲，无论他出多少钱，就是坚决不卖。最终，腓特烈大帝只好放弃买下磨坊并拆除的想法。直到今天，那个磨坊仍屹立在那里。

腓特烈大帝不仅把普鲁士带入欧洲强国之列，在文艺上也有所建树，谱写了超过 100 首笛子奏鸣曲和 4 首交响曲，代表作是《C 大调长笛协奏曲》。能把一个国家治理强大，还能在文艺界占有一席地，这样的国王为数不多，腓特烈大帝是个特例。

## 普鲁士王国历史纪事

| | |
|---|---|
| 1701年 | 普鲁士王国诞生。 |
| 1786年 | 腓特烈大帝去世。 |
| 1806年 | 腓特烈·威廉三世参加反法战争，在耶拿被拿破仑打败，被迫逃往柯尼斯堡。 |
| 1807年 | 普鲁士和法国在涅曼河的提尔西特缔结和约，向法国割地赔款。 |
| 1815年 | 英普联军在滑铁卢击败法军。 |
| 1848年 | 欧洲革命期间，普鲁士国王腓特烈·威廉四世宣布成立“自由派政府”。 |
| 1862年 | 威廉一世任命俾斯麦担任首相。 |
| 1871年 | 在法国凡尔赛宫镜厅，威廉一世成为德意志帝国的皇帝，宣布建立以普鲁士王国为首的德意志帝国，又称德意志第二帝国。 |
| 1882年 | 德国与意大利、奥地利签订“三国同盟”。 |

1888年 威廉一世去世后，其子腓特烈三世继位99天后去世，其孙威廉二世登基，成为德意志帝国的第三代皇帝。

1914年 发生萨拉热窝事件，奥地利在德国的支持下向塞尔维亚宣战。第一次世界大战爆发。

1918年 德皇威廉二世被迫退位，德意志帝国灭亡。

## 因红茶而引发的美国独立战争

1620 年 9 月 6 日，五月花号从英国普利茅斯出发，前往北美大陆。随后，一代又一代的欧洲人，相继来到美洲这片原始大陆上，寻找财富，实现梦想。

1773 年，英国国会颁布《茶叶法案》，严禁茶叶走私，对北美人民进口茶叶课以重税，同时允许东印度公司直接到北美市场销售茶叶。东印度公司销售的茶叶价格比走私到北美的要低，于是东印度公司很快便完全垄断了北美地区的茶叶贸易。英国此举极大地损害了殖民地居民的利益，并引起当地居民的强烈不满。

随着英国与北美殖民地间矛盾越积越多，双方终于爆发冲突。1773 年 11 月，东印度公司的茶叶商船抵达波士顿。12 月 16 日，波士顿 8000 多名市民集会，要求东印度公司茶叶商船离港，但遭到拒绝。当天夜里，一名叫塞缪尔·亚当斯的人带着一帮人，潜入到几艘停泊在港内的英国船上，把东印度公司的茶叶全部抛入海中，这就是历史上著名的“波士顿倾茶事件”。

这种行为激怒了英国政府，明令严惩“倾茶案”的肇事者，同时进一步增兵、增税，还以查案、缉私等名义，允许官兵进入私宅、工厂、商铺搜查。最让北美民众难以忍受的是，英国将驻扎的军队的军费摊派到他们头上，英国士兵不仅占用他们的财物和住房，还时不时地对他们进行搜查和打压。

哪里有压迫，哪里就有反抗。最先反抗的是殖民地的有产者们，他们互相串联，商议对策，并召开了大陆会议。大陆会议通过了《大陆协定》和《致国王请愿书》等。《致国王请愿书》向英国国王乔治三世表达诉求：“国王您是仁慈的，但您派来的人却很凶恶，搞得我们这里民不聊生，请您为我们做主。”

请愿书递上去之后，英国国王并没有为他们主持公道，反而将这伙人定性为聚众闹事、意图谋反。此时，一个名叫托马斯·潘恩的英国人也出版了一本叫《常识》的书，揭露了英国政府的真实面目，号召民众武装起来，追求独立建国，自由发展。托马斯·潘恩堪称美国的民族英雄。可惜的是，托马斯·潘恩的思想过于激进，他在美国独立后受到冷落，回到英国后又成了人人喊打的“过街老鼠”。

殖民地的精英们通过请愿的方式维权失败后，开始进行武装对抗。马萨诸塞总督兼殖民地军队总司令盖奇得知，当地组织武装抵抗的安全委员会正在离波士顿不远的康科德镇征集火药和军需品，立即准备进行镇压，并试图逮捕他们的领导人。盖奇命令一支全副武装的英国步兵，在一名少校军官的率领下向康科德进发，收缴当地火药及武器，并镇压起义。消息很快便被起义人员获知，当地的民兵迅速武装，做好了迎敌的准备。

1775 年 4 月 19 日凌晨，当英军行进到列克星敦时，突然，他们发现在村前的草地上，站着一队北美民兵。随后，双方发生了交火，反抗英国殖民统治的战争开始了。在付出一定的代价后，这队英军终于到达康科德，但他们却扑了个空，大部分军火早已经转移，起义者也已无影无踪。英军在销毁剩余军火后返回，途中又遭到民兵的阻击。埋伏在树林里、篱笆旁、屋角边、墙后的民兵，瞄准英国士兵不断射击，打得他们溃不成军，四处逃散，伤亡 273 人。民兵们取得了胜利。

列克星敦的枪声揭开了北美独立战争的序幕。持续 8 年的美国独立战争就这样爆发了。最后，美国取得了独立战争的胜利。

为了纪念列克星敦战斗，今天在美国列克星敦镇的中心区，耸立着一座手握步枪的民兵铜像。这位民兵双脚踩在石墙上，两眼注视着前方。下边有一块简朴的、不加任何雕琢的石碑，碑文写道：“坚守阵地。在敌人没有开枪以前，不要先开枪；但是，如果敌人硬要把战争强加在我们头上，那么，就让战争从这里开始吧！”

## 美国独立战争前历史纪事

**1607年5月24日** 105名英国人在弗吉尼亚的詹姆斯敦建立第一个永久居留地，从此开始了美国的历史。

**1620年12月** 英国清教徒移民乘五月花号轮船漂洋到达普利茅斯湾，在船上通过《五月花号公约》。

**1636年10月28日** 美国第一所大学——哈佛大学在马萨诸塞的坎布里奇成立。

**1740年** 丹麦人维特斯·白令受俄国人雇佣，抵达阿拉斯加进行探险。

**1752年6月15日** 本杰明·富兰克林在风暴中放风筝，证明闪电是一种电，并发明避雷针。

**1765年** 英国颁布《印花税条例》，因遭到抵制而在次年3月被废除。

**1767年** 英国颁布《唐森德税法》。

**1774年9月** 第一届大陆会议在费城召开，抗议英国的行为，拟出呈交英王的请愿书，制定抵制英货的法案。

**1775年4月19日** 北美民兵武装在列克星敦抗击英军，打响美国独立战争的第一枪。

## 想当锁匠的皇帝，不料被送上断头台

1754年8月23日，路易·奥古斯特出生，他是法兰西波旁王朝路易十五的孙子。他的父亲路易·斐迪南对为了及早让他体会底层人生活的艰难，经常带他去平民教堂接受洗礼，还鼓励他主动与平民家的孩子一起玩耍。斐迪南的言行对小路易影响深远。

斐迪南有三个儿子，长子勃艮第公爵，次子阿基坦公爵，路易·奥古斯特是第三子。本来王位距离路易·奥古斯特比较遥远，然而不幸接连降临在王室成员身上，先是年仅10岁的勃艮第公爵于1761年夭折，再是36岁的斐迪南患上肺结核于1765年在枫丹白露宫病逝。11岁的路易·奥古斯特在短短五年内接连失去兄长和父亲，一跃成了王位的继承人，此时他的祖父路易十五依然在世。

1774年，路易十五因感染天花在凡尔赛宫去世，路易·奥古斯特顺理成章地登上王位，史称路易十六。继位后，王室给路易·奥古斯特张罗了一门亲事，女方背景显赫，叫玛丽·安托瓦内特，是匈牙利女王最小的女儿，奥地利皇帝的妹妹。玛丽·安托瓦内特从小锦衣玉食、天真无忧。长大后，她既不懂得人心险恶，也不知道修养品德，更是对平民百姓毫无关爱之心。她只在乎华丽的服装和当下最为流行的珠宝首饰。

玛丽·安托瓦内特对爱情有自己的憧憬，可路易十六并没有她想象中的那样高大英俊，而是一副老实憨厚的模样，她失望至极。可作为政治联姻的牺牲品，玛丽·安托瓦内特没有婚姻自由，无法自己做出选择。很快，玛丽·安托瓦内特成为王后。作为王后，玛丽没有母仪天下之德，也没承担起一个王后应该尽的责任与义务，她热衷于奢侈浪费，举办各种舞会，还动辄对路易十六发脾气。而路易十六也没闲着，他的第一职业是国王，处理国家大事，第二职业是锁匠。有业余爱好是件好事，可路易十六对第二职业的投入的精力要远远大于第一职业。

路易十六沉迷于制锁技术，整天把自己关在铁器室。王宫里的人经常看到，每当他从铁器室出来时都是一脸灰扑扑的模样。既要搞发明创造，研制出安全的锁，还要处理国家事务，路易十六也就没有多余的时间去关爱王后，王后也无法理解自己的丈夫为什么对锁情有独钟。就这样，两人长期缺乏沟通，玛丽王后在奢侈的道路上越走越远。

很快，路易十六与玛丽貌似平静的日子很快就要到头了，迎接路易十六的是狂风暴雨般的灾难。

路易十五是个战争狂人，在位时疯狂地打仗，耗费了国家巨大的财力物力，再加上玛丽的奢侈生活，百姓的负担大大加重。屋漏偏逢连夜雨，在国家已经很虚弱的情况下，通货膨胀加剧，货币购买力急剧下降，贵族则借机搜刮平民，社会矛盾进一步加剧。此外，自然灾害频繁发生，也使得百姓的生活更加艰难。

1789年5月，路易十六为解决财政问题，被迫召开“三级会议”，试图向“第三等级”增加赋税，然而却遭到了第三等级代表的拒绝。同时，第三等级还向路易十六提出了制宪要求。这让路易十六很气愤，准备把第三等级的代表抓起来，结果引发了著名的“攻占巴士底狱”事件。

巴士底狱建于14世纪，四周筑有坚固的高墙、炮楼，并挖有25米宽的护城河，进出要通过一座吊桥。巴士底狱阴森可怖，是关押、残害政治犯的地方，著名的启蒙思想家伏尔泰就曾被关押在这里。在法国人民的心目中，巴士底狱是封建专制主义的象征。

巴黎起义者开始时想通过谈判来占领巴士底狱，但守军开枪、开炮镇压。愤怒的人民发起猛攻，一颗炮弹击中吊桥的铁链，铁链断裂，吊桥落下，人群潮水似的涌了进去，最终占领了巴士底狱。路易十六闻讯，惊恐不安，他问左右：“这是一场叛乱吗？”一个公爵小心地回答说：“不！陛下，这是一场革命。”巴士底狱不久被巴黎人民夷为平地，并立了块牌子，牌子上面写着：“这里埋葬着巴士底狱。”

路易十六迫不得已向起义者妥协。民众兴高采烈，真以为路易十六会彻底做出改变。他们哪里知道，路易十六在暗中调集军队，并于10月1日设宴招待官兵。这些官兵几杯酒下肚，就决心效忠王室，他们高唱保卫国王的歌曲。正在为没有面包发愁的巴黎妇女听到王宫还在开宴作乐，气愤极了。10月6日，她们手持木棍，高呼着“面包！面包！面包！”向凡尔赛宫进军。路易十六见状只好再次妥协，离开凡尔赛，返回巴黎。

回到巴黎后，议会一边紧锣密鼓地废除法国的封建特权，一边制定宪法。路易十六在巴黎革命者的监视下无可奈何，只好假意赞成君主立宪，心里却希望各国君主出兵干涉。他暗中写信给欧洲各国君主，请他们赶快把他从“暴民”手中解放出来，并以割地相许。同时他和王后又精心密谋，化装潜逃。

1791年6月20日夜晚，路易十六一行人离开巴黎。国王潜逃事件激起了群众的愤慨，纷纷要求废除君主，审判国王。路易十六等人来到瓦雷讷小镇，被革命阵营的人认出来了，他们想逃跑，但被群众围住了。国王只好就范，被押送回巴黎。

9月，路易十六向宪法宣誓，称法兰西人的国王。1792年，法奥战争中，路易十六勾结外敌，企图镇压革命。8月10日巴黎人民起义，推翻路易十六。9月22日，法兰西第一共和国成立。国民公会以无记名投票表决如何处理国王，多数赞成判处国王死刑。1793年1月21日，国王路易十六步英国国王查理一世后尘，走上了断头台。

## 路易十六时期历史纪事

| | |
|---|---|
| 1787年 | 路易十六接受财政总监内克建议，召开“显贵会议”，试图向特权等级征税，遭贵族抵制而失败。 |
| 1789年 | 路易十六召开三级会议，因顽固维护教士、贵族的封建特权，与第三等级形成严重对立。 |
| 1789年7月 | 13日，巴黎人民起义；14日攻打巴士底狱。 |
| 1789年10月6日 | 若干巴黎妇女和数千名国民卫队士兵闯入凡尔赛宫，要求国王迁入巴黎居住。 |
| 1790年7月14日 | 攻陷巴士底狱周年纪念活动中，路易十六公开宣誓将维护宪法；11月27日制宪会议通过法令，要求教士宣誓效忠国家、法律和国王，引起法国天主教会危机。 |
| 1791年6月20日 | 深夜，王室成员化装后溜出王宫。 |
| 1791年9月 | 批准《1791年宪法》，路易十六接受君主立宪制，称法兰西人的国王。 |
| 1793年1月21日 | 路易十六被执行死刑。 |

## 莫扎特献给自己的挽歌：《安魂曲》

1756年，一个孩子出生在了奥地利的萨尔茨堡，他小时候就有过人的音乐天赋，年轻时就声名显赫。1791年12月5日，这位音乐天才撒手人寰，年仅35岁，他就是莫扎特。

公开资料显示，夺走莫扎特生命的是贫困和疾病。就在他生命倒计时的前5个月，一个身着黑衣的人找到莫扎特，向他定制一首《安魂曲》。这个人给了莫扎特一大笔钱作为订金，但并没有透露自己的身份。虽然莫扎特不想接这个任务，但最终还是同意了，因为对方已经支付了高额的订金。随后，双方商定好了完成和交付的时间。这首不吉利的曲子，成了莫扎特生命的终章。

没过几天，黑衣人再次出现，催促莫扎特快写。这个黑衣人是谁？后来的资料表明，他是一位伯爵的仆人。伯爵是位音乐爱好者，更被莫扎特的名声所征服，他定制《安魂曲》的想法很简单，就是为了纪念亡妻，之所以保持神秘，是不想让听众知道，谁是这首曲子的作者。

当时莫扎特并不知道这些事情，他忍受着病痛的折磨，心情不佳，恍惚间，觉得这是上帝的意图，预示着自己将不久于人世。因而他曾含着泪对朋友说："这是我在为自己写《安魂曲》啊！"《安魂曲》成了他致命的精神折磨。

1791年9月上旬，莫扎特从捷克的布拉格回到奥地利的维也纳。他心情越来越压抑，有时还想象《安魂曲》就是自己葬礼上的弥撒曲。随着《安魂曲》的创作，莫扎特的健康状况不断恶化。12月5日，莫扎特与世长辞。他被安葬在一个平民公墓中，甚至连墓碑都没有。

莫扎特死了，文艺圈内一片哗然，纷纷打探其死亡原因，记录显示是“风湿热”。因此有人不禁想，“风湿热”并非疑难绝症，是容易治疗的，莫扎特为什么不积极治疗呢？有人认为，可能是由于经济困难导致病情恶化，进而丢了性命。这种解释比较合理，自此以后的30多年里，“莫扎特死于贫困”似乎成了定论。

莫扎特死后一周，柏林一家《音乐周报》透露消息说：莫扎特尸体肿胀，有人怀疑他是中毒而亡。这则消息在当时并未引起人们注意。圈内人士除了惋惜，也就各自过各自的生活了。

莫扎特真的像传说中那样穷困潦倒吗？不是的，莫扎特比工薪阶层有钱。原因是人们在整理他的遗物时，发现他去世前两年经济收入相当丰厚，共计3000戈尔盾。这笔现金在当时可以购买6000千克的牛肉。而且在贝多芬死后，人们在他的记事本上发现一句话："萨里埃利（当时的宫廷乐师）虽已死到临头，但他活着，他不得不承认自己毒死了莫扎特。"这一发现引起了接下来两个多世纪里对莫扎特死因的各种研究和推测。

1830年，俄国诗人普希金写成《莫扎特与萨里埃利》诗剧，后谱成歌剧演出，表演很成功，人们的注意力又转移到了莫扎特的死亡上。

当时人们怀疑的对象有以下几个：1. 维也纳宫廷大臣豪夫梅尔特，此人因其妻与莫扎特关系暧昧，早就扬言要杀死莫扎特。2. 另一个是宫廷乐师安东尼奥·萨里埃利，他极端嫉妒莫扎特的音乐才华，有可能趁莫扎特生病之际而毒杀他。甚至有人认为，莫扎特死前那神秘的黑衣使者，就是萨里埃利派来的。另外据说萨里埃利73岁临死之际，供出是他害死了莫扎特。3. 莫扎特的弟子中有个叫斯迈耶的，是个见利忘义的小人，对莫扎特的财产垂涎已久，也可能是杀害莫扎特的凶手。

这些说法能广为流传，原因在于医学家和历史学家没能发现令人信服的证据，来证明莫扎特是自然死亡的。

莫扎特的死亡扑朔迷离，也成为文艺圈里的创作题材。1979年英国剧作家谢弗创作了《莫扎特之死》一剧，该剧上演后引起轰动，场场爆满。医学界也参与了对"莫扎特之死"的研究，三名医生放下手术刀，拿起笔杆子，联合写了一本名为《莫扎特死因》的书。该书在世界各地出版，成了一本备受关注的畅销书，同时也让三名医生获得了丰厚的稿费。1983年，一场跨界讨论会在英国南部的布莱顿举行，来自世界各地的250名音乐家及50多位法学、医学家，围绕莫扎特之死各抒己见，他们还别出心裁，成立了"莫扎特死因法庭"。这次讨论会，阵容庞大，人员众多，但并没有实质性进展，也没有取得重要成果。

德国基尔大学麻醉学教授尤尔根·瓦维尔希克也关心莫扎特的死亡真相，

花费了大量的时间和精力进行研究。他在整理档案时发现一些能够说明莫扎特当年生活细节的新材料。他认为，在莫扎特临终前几天写的信中，没发现诸如铅中毒等常有的手指颤抖迹象，而且在莫扎特生命的最后时刻，也从未抱怨过自我感觉不良或食欲不佳。因此，尤尔根教授完全排除了莫扎特死于人为毒害的可能性。他的结论是，莫扎特死于一种能够引起血液感染的传染病，对这种传染病，当时的医学还束手无策。

1985 年，荣获第五十七届奥斯卡最佳影片奖美国电影《莫扎特》，对莫扎特的死因则做出这样的处理：萨里埃利嫉妒莫扎特的才华，身着黑衣，化装成莫扎特父亲的亡灵，威胁患病的莫扎特在短期内写出《安魂曲》，最终使莫扎特在心力交瘁中死去。人们并不知道，这是作者对莫扎特之死的看法，还是出于艺术考虑而虚构的情节。

## 拿破仑生前令欧洲恐慌，死后又迷雾团团

1799 年 10 月，拿破仑从埃及回到巴黎。在接下来的不到一个月的时间里，他发动了举世闻名的“雾月政变”，获得了法国第一执政的职务。1802 年，拿破仑把第一执政的时间无限延长，成为终身执政。1804 年 12 月 2 日，罗马教皇庇护七世在巴黎圣母院为拿破仑举行加冕典礼，拿破仑成为法兰西帝国的皇帝。

1789 年—1794 年的法国大革命，是法国资产阶级的胜利，其推翻了路

易十六，为拿破仑登基做皇帝、实施独裁统治铺平了道路。但是，拿破仑称帝并不能说是历史的倒车，因为拿破仑巧妙地通过法律手段巩固了资产阶级革命的成果，陆续颁布了《民法典》《商法典》《刑法典》，《民法典》后来被命名为《拿破仑法典》。拿破仑自己也说过："我真正的光荣并非打了四十次胜仗。滑铁卢一战抹去了这一切的记忆。但是有一样东西是不会被人遗忘的，它将永垂不朽，那就是我的《民法典》。"

拿破仑的一生与战争紧紧联系在一起，他差不多经历了 7 次反法联盟，打了数十次胜仗，攻占过维也纳、罗马、柏林、华沙等欧洲许多名城。1812 年 6 月，法国远征俄国，准备渡过涅曼河进入俄国境内时，一只野兔突然窜出来，拿破仑的坐骑受到惊吓，将他从马背上摔了下来。这在当时并不被视为不吉利的征兆，威廉一世登陆英格兰时也曾摔倒过，并在英格兰建立了诺曼王朝，然而拿破仑没有威廉一世那么幸运，远征俄国是他倒台的开始。

俄军选择避开法军的锋芒，把法军引到莫斯科。在法军进入前，莫斯科早已是座空城，俄军及百姓撤走时，把大量的物资、粮食都转移了。法军在城中又饿又困，严寒也随之而来。此时拿破仑只好向沙皇亚历山大一世提出议和，但遭到了无视。士兵缺吃少穿，许多人都被冻死了，拿破仑无奈，只得下令撤退。此时，俄军发起反击，最终大败法军。

1813 年 10 月，俄国、普鲁士、奥地利和英国等国家联合起来，对法国发动了致命一击。拿破仑还没有从远征俄国的失败中恢复过来，就遭到了连续打击。1814 年 3 月，联军占领巴黎。4 月，拿破仑无条件投降，并签署退位诏书。

根据条约，拿破仑被放逐到地中海上的厄尔巴岛。在这个 1 万多名居民的小岛上，他可以继续称皇，并拥有一支 1000 多人的部队，但在英军的监视下不得离开岛屿。拿破仑到达厄尔巴岛后，登上一个高地俯瞰全岛，感叹道："这个国境，未免太小了。"

拿破仑退位后，路易十八在反法联军的扶植下复辟了波旁王朝。8 月 15 日，法国人民用庆祝拿破仑生日的形式，表达对复辟王朝的不满。拿破仑很清楚人民的政治情绪。1815 年 3 月，拿破仑率领几百人在法国南部登陆，随后他的老部下们纷纷重回其身边。3 月 20 日，拿破仑进入巴黎，重新坐上他熟悉的皇帝宝座。被扶植起来的路易十八在拿破仑进入巴黎前仓皇出逃。

俄、奥、普等国听说拿破仑东山再起，马上组织起第七次反法联盟。6 月 18 日，滑铁卢一战，拿破仑被彻底打垮了。随后，拿破仑再次宣布退位。这一次，拿破仑的政权维持了约 100 天，史称“百日王朝”。

拿破仑本想乘船前往美国，但是被英舰拦截，他无奈只得登上一艘英舰，对英国舰长说：“我到了你的舰上，也就等于我受到英国法律的保护。”拿破仑想得有点天真，自认为是人们崇拜的皇帝，但英国人却把他当作俘虏，流放到圣赫勒拿岛上。1821 年 5 月 5 日，这位戎马一生、纵横一世的人物与世长辞，终年 52 岁。

对拿破仑的死因众说纷纭。拿破仑死于胃癌的说法，主要是由他的第一次验尸报告提供的。拿破仑尸体的解剖工作是由当时英国的医生进行的，得出的结论是，拿破仑像他的父亲一样死于胃癌。然而，关于拿破仑的尸体却有多种疑点：他的肝脏大小和状态并不正常，有类似肝炎的症状，而且并没有出现伴随癌症而来的消瘦现象。

尸检过后，拿破仑的尸体就被埋葬了。1840年，当拿破仑的坟墓被打开时，人们发现他的尸体竟然保存得非常好。专家们推测，造成这一奇特现象的原因，可能是拿破仑的体内含有大量的防腐物质砷。后来，医生对拿破仑的头发进行化验时，发现其头发中砷的含量是正常人的好几倍。因此，慢性砷中毒的说法得到大多数人的认可。

拿破仑死于砷中毒，那么谁是谋害他的凶手呢？拿破仑被流放到圣赫勒拿岛时，有6个人跟随他。这6个人中只有一个人嫌疑最大，那就是蒙托隆伯爵。蒙托隆伯爵是一个非常贪婪的人，他经常在拿破仑阵营和波旁王朝之间摇摆不定。尽管在拿破仑麾下时深受信任，但他却贪污了大量军费，甚至在取得拿破仑的信任后，又与波旁王朝的皇室人员关系密切。所以，唯一能进入拿破仑酒窖的蒙特隆伯爵，在拿破仑的酒中下毒成为最好的解释，但倘若是通过饭菜下毒，其他几人也不会幸免。

当然，有人对这种说法提出疑问，因为拿破仑在圣赫勒拿岛的住房墙纸也有含量很高的砷，这是因为当时人们用砷制造一种绿色颜料，并用这种颜料给墙纸染色。在潮湿的环境中，墙上生长的霉与颜料发生反应，从而使颜料中的砷释放出来，导致了砷中毒。这种说法并不能让人十分信服。

目前为止，关于拿破仑的死因，还没有一个准确的结论，争论和研究还在继续。

## 拿破仑个人简历

1769年　8月15日，出生于科西嘉岛阿雅克修城的一个律师家庭。

1779年　在法国布列讷军校学习军事。

1785年　在法国南部瓦朗斯城的炮兵团服役。

1789年　法国爆发资产阶级革命，拿破仑同情革命，成为雅各宾派的拥护者。

1795年　镇压王党叛乱有功晋升少将，任巴黎卫戍司令。

1796年　年仅26岁的拿破仑被任命为法兰西共和国意大利军团司令官。

1798年　4月12日，拿破仑被任命为法兰西共和国阿拉伯埃及共和国军团（东方军团）司令官；5月19日，拿破仑挥师东下，远征埃及。

1799年　11月9日，拿破仑发动雾月政变，推翻督政府。

1802年　8月4日，法兰西共和国颁布《共和十年宪法》，拿破仑成为法兰西共和国终身执政。

1804年　3月21日，拿破仑正式颁布《法兰西共和国民法典》；5月18日，拿破仑宣布法兰西共和国为法兰西帝国，自己为帝国皇帝；12月2日，拿破仑在巴黎圣母院举行加冕典礼，称拿破仑一世。

1805年　奥、英、俄结成第三次反法同盟，拿破仑率军东进应战，取得了乌尔姆、奥斯特里茨等大战的胜利。

1810年　4月，拿破仑与奥地利长公主玛丽·路易丝结婚。拿破仑帝国达到极盛时期。

1812年　法军兵分三路进入俄罗斯，俄国天气寒冷和俄军坚壁清野的战术使得法军几乎全军覆没。

1813年　俄、英、普、西、奥等国组成第六次反法联盟，法军战败。4月20日，被放逐到厄尔巴岛。

1814年　4月6日，拿破仑被迫签署退位书。

1815年　3月20日，拿破仑重返巴黎，建立“百日王朝”。

1815年　3月25日，英、俄、普、奥等国组成第七次反法同盟。6月，法军在滑铁卢战役中覆没，拿破仑第二次退位。10月，被流放至圣赫勒拿岛。

1821年　5月5日，拿破仑在圣赫勒拿岛上病逝，终年52岁。

## 急流勇退的“南美解放者”

1822年7月25日，南美西班牙殖民地独立战争的领袖圣马丁来到厄瓜多尔的瓜亚基尔港与著名的委内瑞拉革命领袖玻利瓦尔进行会谈。这两位可不是普通人，圣马丁有多个头衔，如“自由的奠基人”“南方的华盛顿”等，相比这些，秘鲁、智利与阿根廷三个共和国的“祖国之父”才是货真价实，他的使命主要是在南美洲南部打击西班牙殖民者。玻利瓦尔活跃在南美洲的北部，也有一大堆的头衔，与圣马丁基本相似。

南美洲一南一北两位时代“巨子”进行历史性会晤，重要性不言而喻，保密指数达到了最高级别。也正因为过于保密，两人是在秘密空间里直接交流的，没有第三个人参与，至于都谈了些什么，没有人记录。

会谈结束后，这对亲密战友却表现不一。圣马丁神情严肃，玻利瓦尔似笑非笑。晚餐之后，通宵舞会在欢声笑语中进行。28日凌晨2点多钟，圣马丁悄悄地对随同而来的基朵将军说:“这里太喧哗，我们还是回去吧。”

9月22日，圣马丁在秘鲁第一届国民大会上，宣布辞去“护国者”职务。他取下象征权力与最高荣誉的两色绶带说：“……请大家都不要投我继续执政的选票！”圣马丁的表现太不寻常，让人猜不透。议员们非常惊诧，纷纷劝告圣马丁收回辞呈。关于自己辞职，圣马丁明显准备充分，向提问者做出了合理解释，就是只字不提瓜亚基尔会谈的内容。

圣马丁为什么要这么做呢？随着时间的流逝，人们翻阅了大量有关玻利瓦尔、圣马丁等人的原始文献资料，猜测导致圣马丁作出这一举动的原因。

大多数人认为，在 1822 年 7 月 26 日和 27 日两天的秘密会晤中，玻利瓦尔和圣马丁在两军协同作战、独立后拉丁美洲的政体形式、哥伦比亚与秘鲁两国之间的友谊、瓜亚基尔的归属、对西班牙采取的外交方针等方面进行了商谈。其中，关于秘鲁和哥伦比亚的友谊问题，双方没有分歧；在瓜亚基尔的归属方面，圣马丁认为应由瓜亚基尔自己决定，而玻利瓦尔已将瓜亚基尔并入哥伦比亚；在独立后拉丁美洲政体形式方面，玻利瓦尔主张共和制，而圣马丁主张君主制；在联合作战方面，两人也没有取得一致意见。

在 7 月 27 日下午会谈结束的晚宴上，玻利瓦尔首先站起来，兴致勃勃地建议：“为南美最伟大的人物——圣马丁将军干杯。”圣马丁却说：“为迅速结束战争，为各共和国的成立，为哥伦比亚解放者的健康干杯。”

圣马丁的祝酒词听上去很完美，结合当时南美洲的局势进行分析，有些信息便露出端倪，主要表现在两个方面。其一，国家独立后采取什么制度，圣马丁做出了退让；其二，赶走殖民者后，为了不引发内战，圣马丁做出让步，退出秘鲁政坛。尤其是第二方面，在日后圣马丁写给密友的信中得到印证，他称："秘鲁无法同时容纳我和玻利瓦尔……为了美洲取得胜利，让他们进来吧！"可见，圣马丁主动交出权力，完全是出于对美洲的爱，不希望美洲因权力之争爆发内战。

也有人认为，玻利瓦尔一生坎坷，荣誉是他的奋斗目标和前进动力。他就像一只雄鹰，自信地认为自己有能力领导革命队伍解放拉丁美洲，而不需要另外一个人与他并驾齐驱。

同时，有人也对圣马丁和玻利瓦尔的各个方面进行了对比。在军事实力方面，圣马丁远不如玻利瓦尔。主要原因在于他主张君主制。在圣马丁进入利马后，君主制特别符合封建贵族的胃口，这引发了许多追随者的不满，纷纷离他而去，甚至指责他想当国王。性格上，圣马丁谦逊善良，玻利瓦尔果断刚毅。身体状况上，圣马丁健康出现问题，玻利瓦尔正年富力强。通过对实力、政体、性格、体质等方面进行比较，假设圣马丁想与玻利瓦尔争雄，也不会占上风。

不过，在品德和格局方面，玻利瓦尔不如圣马丁，顾全大局、维护革命利益，是圣马丁的一贯表现。据说，会谈间隙，一位哥伦比亚将军找到圣马丁，表达对玻利瓦尔的不满，说他"霸道专横，唯我独尊"，并代表全体哥伦比亚军队里的将军，愿意服从圣马丁的指挥。圣马丁以团结为重，非但不同意，反而规劝这位将军听从玻利瓦尔的指挥。因为圣马丁认识到，如果与玻利瓦尔出现分歧，就会被敌人利用从而破坏拉美的独立事业。出于对拉美解放事业的忠心，瓜亚基尔会晤后，圣马丁选择急流勇退。

然而，推测终究是推测，瓜亚基尔会晤的内幕究竟是什么？圣马丁引退的原因是什么？真相只有圣马丁和玻利瓦尔知道。

瓜亚基尔会晤的具体内容虽然不为大众所知，但由于圣马丁的隐退，两人的矛盾激化得以避免，这是不幸中的万幸。此后，玻利瓦尔充分显示出卓越的才能，领导南美人民取得一系列胜利，为拉丁美洲独立做出了重大贡献，这也了却了圣马丁的心愿。正因如此，这次瓜亚基尔会晤永远载入了拉美史册。

## 铁血宰相俾斯麦，改变了德意志历史

1870 年 7 月 13 日，法国驻普鲁士大使奉拿破仑三世之命，赶往埃姆斯温泉胜地，拜见正在那里休养的普鲁士国王威廉一世。法国大使此行的目的，是阻止威廉一世的堂兄弟利奥波特亲王继承西班牙王位。自 1868 年西班牙女王被推翻后，王位一直空缺着。

普鲁士宰相俾斯麦支持利奥波特继承西班牙王位，拿破仑三世强烈反对。一个赞成一个反对，威廉一世的态度就变得很重要。他要是与自己的宰相站在同一立场上，利奥波特就能当上国王；他要是反对，利奥波特只能站在一旁，看着别人戴上王冠。结果是威廉一世在这件事上保持中立，既不反对也不赞成。威廉一世表面上不向着自己的堂兄弟说话，实际上就是不希望利奥波特当西班牙国王，法国大使对威廉一世的话理解得很透彻。随后，法国大使想让威廉一世写下书面保证，以便将来可以利用这个把柄，但威廉一世拒绝了法国大使的要求。但是，商谈的大门并未关闭。

法国大使离开后，威廉一世命人把谈话内容，通过电报的形式给宰相发一份。电文语气缓和，涉及西班牙王位继承问题，用与普鲁士“无多大利害关系”答复了。电报还说，如果法国大使再要求他做出保证，就“不再接待”对方。显而易见，法国大使只要不提出无理要求，普鲁士国王威廉一世还是愿意接待的。

俾斯麦接到电报后，见有机可乘，对电文进行了篡改，最后一句是这样说的：“国王陛下以后拒绝接见法国大使，并命令值日副官转告法国大使，国王陛下再没什么可谈的了。”这语气比较强硬，充满了挑衅和侮辱的意味。

7月14日，恰好是法国的国庆日。法国民众正举国欢庆之时，电报内容公布了，给拿破仑三世泼了一盆冷水。拿破仑三世原本正得意扬扬，但突然被这个意外事件惊醒，并像斗牛场上看到红布的公牛一样，立即愤怒了。7月19日，拿破仑三世向普鲁士宣战。欧洲近代史上一场影响深远的普法战争就这样开战了。这场战争，俾斯麦是关键人物，也是他统一德意志的重要一步。

俾斯麦出生在容克贵族家庭。“容克”一词很有意思，不是地域名称，原本指征服易北河以东地区而享有爵位封号并拥有领地的骑士后裔，他们被称为“新主”，后来转音为“容克”。

1847年，俾斯麦进入普鲁士联合邦议会，是出了名的保守派代表。后来，他认为君权神授，国王具有绝对的权威，所谓的民主、自由等都是无意义的。普鲁士如果要在欧洲甚至世界舞台上扮演重要角色，就需要组织强大的军队，用武力解决外交无法解决的一切问题。1862 年，俾斯麦的仕途上了一个新台阶，担任普鲁士宰相兼外交大臣。俾斯麦能迎来人生的高光时刻，得益于普鲁士国王威廉一世的赏识，从众多官员中选择了他。威廉一世没什么才干，但在理念上与俾斯麦高度一致，也认为自己的权力是“神授”的，武力是最好的语言。由于两人理念一致，威廉一世于是下放权力，任由俾斯麦自行决策诸多政务。

新官上任三把火，俾斯麦也不例外。俾斯麦提出，“德意志不是靠自由主义，而是靠强权……当前的重大问题，不是用虚浮的言辞或者多数票的决议来解决，而是靠铁和血的力量来解决”。于是，“铁血宰相”的名声传播开来。

为统一德意志，俾斯麦采用三步走的方式。

第一步，1864 年联合奥地利打败丹麦，把日耳曼人占多数的石勒苏益格、荷尔斯泰因两个公国占为己有。在如何处置这两个公国的问题上，普鲁士与奥地利发生了分歧。

第二步，将奥地利从德意志事务中排挤出去。1866 年，普奥战争爆发。在萨多瓦一战中，普鲁士军队彻底打败奥地利军队。不久，普奥两国签订合约。根据和约，奥地利退出德意志联邦。如此对待奥地利，正显示出了俾斯麦的高明之处，既没有把奥地利推向法国，也保全了奥地利的面子。奥地利出局后，俾斯麦建立了以普鲁士为首的北德意志联邦，但南部的巴伐利亚、符腾堡、巴登和黑森四个邦国还独立于联邦之外，主要原因是拿破仑三世一直从中干涉。

第三步，收拾拿破仑三世。1870 年 7 月 13 日的埃姆斯电文，给俾斯麦提供了机会，普法战争由此爆发。

拿破仑三世没什么军事才能，与他的伯父，那个曾让欧洲心惊胆战的拿破仑·波拿巴相差甚远。他领导的法军在普法战争中根本不是普军的对手，一开始就连吃败仗，普军很快就深入到了法国境内。1870 年 9 月的色当战役中，法军更是遭遇惨败，拿破仑三世本人也被困在色当，不得不举起白旗乞降。拿破仑三世还不知廉耻地给普鲁士国王写信说："我亲爱的兄弟，因为我未能死在我的部队中，所以只得把自己的佩剑献给陛下。我将继续做你的好兄弟。" 9 月 2 日，法国皇帝、元帅以及 39 名将军和 10 万官兵全部成了普军的俘虏。

1871 年 1 月 18 日，普鲁士国王威廉一世亲自率领德意志各邦的王公大臣来到巴黎，在凡尔赛宫宣布自己为德意志帝国皇帝，俾斯麦自然成了德意志帝国的宰相，德意志的统一大业圆满成功。

俾斯麦的政治生涯比拿破仑三世长得多。普法战争后，俾斯麦在欧洲政治舞台上依然扮演着重要的角色，直到 1890 年才离职。俾斯麦篡改埃姆斯电报的内幕长期不为人知，直至 1898 年俾斯麦逝世，他的回忆录《思考与回忆》出版，才为人所知。

# 第八章

## 邻居往事

## 20 世纪前的俄罗斯、朝鲜与日本

## 伊凡雷帝书库，至今依然下落不明

16 世纪以前，俄国一直被欧洲边缘化，这并不是欧洲有意瞧不起它，是它没有被欧洲瞧得起的理由。那时的俄国叫莫斯科大公国，一直处于寒冷的气候中，生活条件十分恶劣，16 世纪后，情况有所改善，但仍然很糟糕。直到一个人上台后，莫斯科大公国开始出现质的改变，他就是伊凡四世，也称雷帝。

伊凡雷帝 3 岁继位，17 岁把自己的称号从大公改为沙皇，成为俄国历史上第一位沙皇。以后的数个世纪中，俄国的统治者都称沙皇。伊凡四世在位时采取了一系列举动，包括在皇宫会见民众，铁腕镇压贵族叛乱等，为俄国带来了新秩序。伊凡四世也给后人留下许多故事，其中最引人注目的是伊凡雷帝书库。

人们对“书库”的关注，始于一位叫马克西姆·克里克的修道士。据说，伊凡四世喜欢书籍，收藏了大量书籍，其中很多都是非常宝贵的古代抄本，并且其拥有的书籍足可以建一个大型图书馆。马克西姆就是这些书籍的书目编纂者，也是少数有机会一览这些珍贵书籍的学者之一。

那么，真的有这么一回事吗？这么多珍贵的书籍又是从哪里得来的？要一探究竟，还需从伊凡四世的家世说起。

伊凡四世的祖父是莫斯科大公伊凡三世，祖母是东罗马帝国末代皇帝君士坦丁十一世的侄女索菲亚。据说，索菲亚从小酷爱读书，在嫁到莫斯科前因担心无书可读，就向叔父要求，希望从东罗马帝国皇家图书馆带走一些书。皇家图书馆中藏有大量的稀世珍本，东罗马皇帝有些不舍，但面对索菲亚的一再恳求，也就妥协了。索菲亚对书籍相当了解，精挑细选了很多珍贵的图书，带到了莫斯科大公国。

伊凡四世继位后，继承了祖母的这笔文化遗产。为了收藏这笔精神财富，他找到弗恩修道院的修道士马克西姆·克里克，让他为这些书籍编纂书目。

马克西姆曾在巴黎、罗马学习过，对编纂书目自然是轻车熟路。他在编纂书目的过程中，将书籍中所使用的斯拉夫教会的翻译本同希腊原著进行对照，发现许多误译之处，并逐一进行修正。马克西姆认为这一做法是件好事，但莫斯科大主教约瑟夫很不高兴，在他看来即便是错的，也错得有理，进行修改会有损教会的尊严。于是，约瑟夫诋毁马克西姆，把他从教会中开除了。除此之外，约瑟夫还在伊凡四世面前诋毁马克西姆，认为其没有能力编纂书目。伊凡四世没多加考虑就把马克西姆开除了。马克西姆失业后，离开了皇宫。此后，约瑟夫一直对他进行各种迫害。

以上事实是否属实，现已无法考证。不过，在16世纪编撰的《里波利亚年代记》中对马克西姆编纂书目一事有如下记载：“德国神父魏迈曾见过

伊凡雷帝的藏书，它们占据了克里姆林宫地下室的两个房间……”

在同时代的其他文献中，有关伊凡雷帝书库就没有片言只语了。这就奇怪了，是藏书不翼而飞，还是“藏书”根本不存在呢？

1712 年，彼得大帝迁都圣彼得堡，并颁布法令，把莫斯科作为陪都。后来，一个教会人员来到圣彼得堡并向有关部门报告，在克里姆林宫的地下室有两个秘密房间，里面好像放着很多大箱子。如果书库确有其事的话，这两个秘密房间里放着的应该是伊凡四世的藏书。经过一番研究后，有关部门对克里姆林宫的地下室展开调查。但不久，圣彼得堡传来指令，要求停止调查，该事就不了了之。几年后，那个教会人员再次向有关部门提出请求，希望能对克里姆林宫的地下室进行勘察……在档案管理处保存的勘查报告中这样记录着：“尽管全力以赴，没发现任何秘密场所。”

到了 19 世纪，有个德国人对伊凡雷帝书库产生了浓厚的兴趣，他专程来到莫斯科，查遍与书库有关的一切资料，没有找到任何线索。他并没有放弃，随后又对克里姆林宫的地形进行研究与勘探，但仍难以确定书库的下落。他在即将离开莫斯科时，表示：“我坚信，伊凡雷帝的书库沉睡在一个不为人所知的地方，解开这个谜，将对世界的文化起到非常重要的作用。”

如果书库子虚乌有，编造这样的故事，目的何在？如果书库的确存在，它又藏在哪里？

现代专家对书库的下落持不同意见。有人认为，伊凡四世的藏书确实存在，但在克里姆林宫发生火灾时被烧毁了。也有人认为，这些书最后都被转移到莫斯科大主教的图书馆里封藏了，后来就消失了……

苏联科学院一个叫列夫斯基的院士认为，尽管对书库的找寻一直未能成功，但并不能断言伊凡雷帝书库就不存在，他深信总有一天人们会找到书库。

# 彼得大帝的另一面是残暴和野蛮

1682 年，俄国政坛上迎来一位新皇帝，此时他刚满 10 岁，谁也没想到，此人日后会让俄罗斯走向强大，他就是彼得大帝。他曾自豪地说，自己“用鞭子把俄罗斯帝国赶到了文明社会”。的确如此，俄罗斯能强大起来，彼得大帝功不可没。然而，让人想不到的是，拥有惊人魄力和强硬手腕的彼得大帝，竟然非常残暴。

彼得大帝能坐上皇帝的宝座，也是从刀光剑影中拼出来的。他是沙皇阿列克谢一世的儿子。彼得大帝不到 4 岁时，父亲去世，同父异母的哥哥费奥多尔继位。费奥多尔在位 6 年后也去世了，且没有儿子，贵族们便准确在他的两个弟弟 16 岁的伊凡（彼得的同父异母兄）和 10 岁的彼得中选择一人立为沙皇。彼得为“第二”沙皇。

贵族们主要分为两派：一派以伊凡母亲家族为首，他们拥戴伊凡；另一派以彼得母亲家族为首，他们拥护彼得。东正教支持彼得，为他举行了加冕仪式。伊凡的姐姐索菲亚公主心存不满，散布谣言说彼得的母亲为了篡位要杀了伊凡，还煽动皇家射击军冲进皇宫，制造流血事件。射击军用长矛刺死彼得的舅舅，彼得被吓得当场抽搐。幸亏彼得的母亲及时带着伊凡出现在射击军面前，谎言才被戳破，骚乱得到平息。最后，双方达成协议：暂立两个沙皇，伊凡为第一沙皇，彼得为第二沙皇，索菲亚为摄政王。这次骚乱给年幼的彼得留下了严重的心理阴影，在以后的人生中，每当情绪激动时，彼得就会面部扭曲，浑身抽搐，样子极其可怕。后世的学者认为，彼得后来变得残暴，应该与这次骚乱有关。

索菲亚摄政期间，彼得和母亲居住在莫斯科郊外的乡村。1689年，索菲亚指使射击军再次发动政变，企图杀死彼得。彼得则在贵族和军队拥护下回到莫斯科。索菲亚被囚禁。1696年，伊凡病逝，彼得成为唯一的沙皇。1698年，彼得前往国外访问考察，索菲亚煽动国内射击军再次叛乱。彼得迅速返回，还没到达莫斯科，叛乱就已被镇压，参与叛乱的人受到相应的惩罚。彼得认为处罚得太轻，就成立了一个临时审判委员会，对参与叛乱的射击军官兵进行“最严厉的审讯”。

审讯室里摆放着一盆火炭，那些不愿回答问题或在事实面前拒不认罪的罪犯会被吊起来，受到九尾鞭的抽打，直打得皮开肉绽。如果受刑者昏厥过去，医生就使用手段使他苏醒。如果仍不肯开口，施刑者会将火红的木炭放在受刑者肌肉上，使肌肉瞬间崩裂，或者使用烧红的钳子折断受刑者的肋骨。刑罚使得犯人血肉模糊，烧焦的皮肉散发出一股古怪的气味，整个审讯室充斥着令人作呕的恶臭，连陪审人员都无法忍受，彼得却乐此不疲。

审讯之后，彼得大帝开始处决犯人。他不仅要求政府要员观看行刑，还邀请一些驻俄国的外国使节一起观看。第一批犯人大部分被绞死，剩下的面部打上烙印发配到西伯利亚服苦役。第二批犯人是射击军士兵，他们不是被绞死，就是被五马分尸。在场观看的人不忍目睹，纷纷低头回避，彼得大帝却指责他们是“怯懦者”。极刑处死叛乱者，仍无法解除心头之恨，彼得大帝还要求暴尸 5 个月才可埋葬。一时间，莫斯科广场上血流成河，恶臭熏天。这还没完，彼得大帝还和刽子手比刀法，强迫大臣亲手行刑。为了惩罚索菲亚，他命人将部分射击军的尸体吊在索菲亚窗前的树上，一旦刮大风，尸体便不停摇动。每具尸体的手中还塞有一张纸条，暗示索菲亚：这就是你写给射击军的信。

彼得听到传闻称，前代沙皇体质虚弱，母亲曾与大臣有过私情，一些人甚至怀疑彼得并非真正的沙皇之子，某位大臣才是他真正的父亲。在一次宴会上，彼得大帝冲到一位大臣的面前，掐住他的脖子大声喊道：“你告诉我实话，你是不是我的父亲？如果你撒谎，我就把你的脖子扭断！”那位大臣非常害怕，只好支支吾吾地回答：“陛下，当时不只是我一个人……”还没等他说完，彼得大帝就掩面离开了。

彼得大帝不仅对待敌人特别残酷，对待亲人甚至包括自己的儿子也毫不留情。彼得大帝有两位妻子，分别是皇太子阿列克谢的母亲叶夫多基亚和后来的女沙皇叶卡捷琳娜一世。同时，他还有多个情妇，其中一个就是叶卡捷琳娜的侍女玛丽·汉密尔顿。玛丽也有自己的情夫，并且流产过 3 次。彼得大帝对此非常愤怒，亲手杀死了她。

彼得大帝风流成性，妻子叶卡捷琳娜亦是如此。当彼得大帝知道妻子的私情后，并没有立刻实施报复，而是冷静地邀请皇后的情夫共进晚餐。晚餐之后，他下令将情夫斩首，并把头颅保存在一坛酒中制成标本。结束这一切之后，彼得大帝下令将这坛酒放置在叶卡捷琳娜的卧室里。叶卡捷琳娜作为下一任女沙皇（叶卡捷琳娜一世，与赫赫有名的女沙皇叶卡捷琳娜二世不是一个人。叶卡捷琳娜二世是彼得大帝的外孙彼得三世的妻子），竟然与彼得大帝一样毒辣残忍，她命人从里面舀出一杯酒，然后将酒喝了下去，还欢快地说这酒口感很棒！彼得大帝得知后，对妻子刮目相看，再没有追究这件事情了。

彼得大帝的皇太子阿列克谢，是彼得大帝与第一位妻子所生。彼得大帝并不喜欢阿列克谢的母亲，就无情抛弃了她。这对于阿列克谢来说是一个巨大的打击，从此，阿列克谢就对彼得产生了逆反心理，只要是彼得喜欢的，他就厌恶。一些反对改革的人抓住这个机会，引导皇太子谋反。后来，他们的计划暴露了，阿列克谢逃到了德国。彼得大帝非常愤怒，派遣大臣去德国找到阿列克谢，并许诺不惩罚他。阿列克谢相信了，回到了俄国，却被抓进监狱。彼得大帝亲自审问自己的儿子，用鞭子抽打他。这种鞭子用硬皮制成，大约一米长，能够撕开受刑者的皮肉。通常行刑都是鞭打 15—25 下，鞭打得多了，受刑者可能会死亡。阿列克谢第一天就挨了 25 鞭，接下来的几天，天天被鞭打。没过多久，阿列克谢就死了。彼得大帝并没有因为自己杀了儿子而感到内疚，第二天他照常接待外国使者，就像没有发生任何事情。

尽管彼得大帝是一位伟大的君王，但他也有凶残、野蛮，让人不寒而栗的，甚至比某些野兽都有更可怕的一面。

## 俄罗斯历史纪事

**862年** 维京人留里克带领军队占据诺夫哥罗德，建立罗斯王国。

**879年** 留里克身亡，大公之位由奥列格接掌。

**1328年** 伊凡一世由钦察汗国册封为“弗拉基米尔大公”，开始号令罗斯诸王公。莫斯科大公国正式建立。

**1480年** 伊凡三世摆脱钦察汗国控制。之后统一东北罗斯大部，称俄罗斯大公。

**1547年** 伊凡四世（雷帝）改大公称号为沙皇。

**16—17世纪** 伏尔加河流域、乌拉尔和西伯利亚各族先后加入俄罗斯。

**1613年** 俄罗斯缙绅会议宣布立17岁的米哈依尔·费多罗维奇为沙皇，罗曼诺夫王朝开始。

**1721年** 彼得一世（彼得大帝）改国号为俄罗斯帝国。

## 被妻子美貌所害的普希金

1799年6月6日，普希金出生在莫斯科的一个贵族地主家庭。普希金从小就受到良好的教育，他的人生就像他所写的诗一样充满浪漫与传奇色彩。《致恰达也夫》《叶甫盖尼·奥涅金》《渔夫与金鱼的故事》《茨冈》等作品为普希金赢得了“世界第一流大诗人”的崇高声誉，高尔基也称他为“俄国文学之父”。像许多诗人一样，爱情在普希金的生命中如同诗歌一样重要，以至于连他的死都是为了捍卫爱情。

普希金年轻时才华横溢、风度翩翩，常常用他的诗歌才华来吸引女孩们的目光。一次舞会上，普希金遇到莫斯科第一美女娜塔莉娅·冈察洛娃，当时就被她的美貌征服。普希金向冈察洛娃展开热烈的爱情攻势，起初冈察洛娃还有所拒绝，但渐渐地接纳了普希金。最终普希金赢得了这位美人的芳心，两人于 1831 年 2 月举行了盛大的婚礼，备受社会瞩目。许多人认为，他们这对才子佳人将会成为一个幸福美满的家庭。但是，命途多舛，普希金却因为这段感情招来了杀身之祸。

1837 年 2 月，圣彼得堡一个阴霾的早晨，随着一声枪响，39 岁的普希金在与情敌丹特斯决斗中，倒在血泊中，再也没能站起来。这一切来得太突然，很多人都不相信，伟大诗人就这样死在一个纨绔子弟手中。

普希金死后，圣彼得堡有数万人来到他的住所前吊唁，各家报纸刊登噩耗时说："俄罗斯诗歌的太阳陨落了！"莱蒙托夫创作出诗歌《诗人之死》缅怀普希金，抒发出个人对普希金突然去世的悲愤之情，传达出当时广大人民群众爱憎鲜明的感情。

普希金决斗而死，存在诸多疑点。大部分人都认为冈察洛娃红杏出墙，导致普希金在绝望中与丹特斯决斗。丹特斯也被描述成一个道德败坏、行为恶劣的人。

丹特斯是法国军官，与他的干爹荷兰驻俄公使盖克恩男爵是在德国相识的，并被他的干爹带到了俄国。潇洒英俊的丹特斯，以其丰富的学识、机敏的智慧、青春的朝气和乐观豁达的生活态度赢得了达官贵人们的赏识，在上流社会中也是如鱼得水。

一次舞会上，丹特斯认识了冈察洛娃。当时冈察洛娃已是三个孩子的母亲，丹特斯仍然疯狂地爱上了她。丹特斯利用自己外国人身份和沙皇对他的宠爱，对冈察洛娃穷追不舍。冈察洛娃非但不拒绝，还非常乐意接受丹特斯的追求。

在普希金与冈察洛娃的 7 年婚姻中，妻子的美貌满足了普希金强烈的占有欲和虚荣心。随着他将妻子介绍给俄国贵族们，他发现人们的话题不再是自己的诗歌，而是他美丽的妻子。1836 年 11 月 4 日上午，邮递员给普希金送来一封匿名信，其中写道：戴绿帽子协会成员在会长纳雷什金的主持下，一致推举您为“副会长”，并发给您一张“戴绿帽子荣誉勋章证书”，落款是“常务副书记——波尔赫”。一夜之间，普希金成为整个圣彼得堡的谈资，大部分人嘲笑和鄙夷普希金。结婚 7 年以来，普希金一直深爱着冈察洛娃。当外面传言自己的妻子与丹特斯有不正当男女关系时，他选择了以决斗来捍卫爱妻的名誉和自己的尊严。

还有一种说法，有些史学家在对有关史料详细研究后，指出普希金之死完全是一个阴谋。沙皇尼古拉一世早已嫉妒普希金的才华，觊觎冈察洛娃的美丽，因而使用奸计令普希金与丹特斯决斗，在决斗中杀害了普希金。普希金夫妇婚后不久，夏天的一个清晨，他们在公园的林荫大道上散步时，与沙皇尼古拉一世不期而遇。沙皇为冈察洛娃的天姿国色所倾倒，经常借机邀请普希金夫妇到宫廷去。1831 年，尼古拉一世为了让普希金的妻子能出入宫廷舞会，赐予普希金宫廷近侍的头衔。这令普希金十分愤怒，他说：“我宁愿做奴隶，却永远不愿做弄臣！”

这位伟大的诗人早在他 16 岁时，就为自己写下了墓志铭：“这儿埋葬着普希金。他和年轻的缪斯、爱神与懒惰相随，平淡地度过了欢乐的一生，他没做过什么惊天的善事，可是在心灵上，他是一位实实在在的好人。”普希金之死到底是为了爱情还是一场阴谋，或许只有当事人才清楚。对于“俄罗斯诗歌的太阳”过早地失去光芒，人们始终怀有强烈的遗憾，亦只能在无奈中感叹造物弄人。

## “龟船”面前，日本海军现出原形

“龟船”是朝鲜人发明的一种战船，根据字义不难理解，就是外形像龟的船。有人可能会认为，乌龟壳限制了乌龟的速度，根据它设计的船在交战中，也应该会像乌龟那样行动缓慢，最终成为敌方的靶子。然而实际上，这种船不仅行动灵活自如，火力输出也十分凶猛。

最初的龟船主要用来抵挡日本海盗。《朝鲜王朝实录》记载，这些龟船被称为“戈船”或“蒙冲”。公元 1591 年，经过朝鲜全罗左道水军节度使李舜臣将军的不断改进，龟船的各项指标都达到了最佳状态。

由李舜臣监造的龟船，长十余丈，宽一丈多，甲板上有厚木制成的顶盖，并且还包裹有铁板，可以保护船上的水军避免敌人的火器攻击。船头安装有一个龙头，龙头上有两个炮眼，船身前后左右共有 74 个枪眼，射手可以在船体内部向敌人射击。此外，顶盖上和甲板旁还装有许多尖锐的大钉，能使敌人很难攀登上船；船身前后装有金属尖杆，必要时可以冲击敌船；船舱两侧装有 10 对船桨，全部划动时船可以疾驰如飞；船身很大，可以装载很多淡水和粮食，在水面上持续较长时间的战斗。可以说，龟船就是一个海上移动堡垒，兼具现代航母和坦克的双重功效。

1592年春，日本的丰臣秀吉借口朝鲜拒绝帮助日本进攻中国，派出了大量军队和战舰，在朝鲜釜山登陆。很短的时间内，日本就接连攻陷了朝鲜的首尔、平壤、开城等重要城市，朝鲜国王被迫逃到鸭绿江边躲避。整个朝鲜面临着覆灭的危机。

“我愿以死报国，直捣虎穴，扫尽妖魔，为祖国雪耻！”这是水师将领李舜臣立下的誓言。1592年5月初，李舜臣接到消息，得知日本战船停靠在玉浦港，日本士兵大多上岸抢劫百姓的财物，只有少数人留在船上。李舜臣立即指挥95艘龟船，袭击玉浦港，日本舰船被击沉和烧毁40余艘。之后，李舜臣的水师又打了几个漂亮的胜仗，成功击沉近百艘日本舰船。这时，明朝政府应朝鲜政府要求派来援军，与朝鲜军队并肩作战。很快便相继收复平壤、开城等地，把日本军队赶出了朝鲜北部。如果联军再继续打下去，日本侵略者就被赶进大海了。1593年，丰臣秀吉发出请求，愿意坐下来谈判。

谈判就是个幌子，纸面上的协议在强权面前毫无意义和价值。丰臣秀吉在谈判的遮掩下，派人打入朝鲜政府内部，散布谣言称李舜臣与日本人勾结，私自放走被俘的日本将领。朝鲜政府内部存在着激烈的派系斗争，一些嫉妒和仇恨李舜臣的人听到这个消息，便向国王告发。国王昏庸无能、不分忠奸，最终将李舜臣投进了监狱。

阴谋得逞后，1597 年 1 月，丰臣秀吉借口和谈破裂，再次派遣 14 万军力侵犯朝鲜。当时的形势对朝鲜非常不利。4 年和谈过程中，朝鲜陆军放松警惕，战斗力锐减；新任的水师将领也是个无能之辈。很快，朝鲜陆军便被击败，水师几乎全军覆没，大片国土又被日军占领。

国破家亡的紧要关头，举国上下都希望李舜臣出来抗击日本侵略。在国内舆论的压力下，朝鲜政府不得不重新任命李舜臣为水师将领。当李舜臣复职时，朝鲜水师只剩下十多艘龟船和 100 多名士兵。9 月，李舜臣在鸣梁用仅有 12 艘龟船与 330 多艘敌舰对阵，大捷，击沉敌船百余艘，歼敌 4000 余人。

1598 年 3 月，明朝援军抵达朝鲜。8 月，日军连战连败，丰臣秀吉忧急病死。11 月，明、朝联军和日本军队展开大决战。朝鲜陆军分成左中右三路，向日本军队的三个大据点进攻，很快对日本军队形成包围。日本陆军向水师求援。李舜臣得到消息，立即把朝鲜和明朝水师布置在日本水师必经的露梁海面上。

这天夜里，500 多艘日本兵船刚抵达露梁海面，李舜臣一声令下，明朝与朝鲜水师发起进攻，几十条龟船猛烈轰击，并用尖杆撞破敌船。海面上烈火冲天，如同白昼。许多战士跳上敌船，杀得敌人横尸满舱。在这场战斗中，日本水师损失了 40 多艘战船。当他们准备逃离战场时，朝鲜和明朝水师紧追不放。为了能够截住敌人的退路，李舜臣亲自率领十几艘龟船，并命令桨手们全力划桨，准备超越敌船。敌人发现自己难以逃脱，便集中火力向李舜臣的指挥船攻击。在这种情况下，李舜臣沉着镇定，指挥部队进行战斗，不幸的是，他被一发流弹击中。弥留之际，李舜臣叮嘱部下，把他身上的战甲脱下来让其侄子李莞穿上，代替他继续指挥战斗，并且暂时不要公布他的死讯，让将士们安心作战。在这次战斗中，70 岁的明朝水师将领邓子龙也英勇牺牲。

露梁海战持续了两天，明朝和朝鲜水师共击沉、击毁敌船 200 余艘，歼灭 1 万多名敌人。剩下的日本残兵败将，迫于明朝、朝鲜联军的强大攻势，也不得不逃离朝鲜。

持续 7 年之久的战争，终于以明朝、朝鲜胜利而结束。战争开始的这一年是朝鲜和中国传统历法的壬辰年，因此朝鲜历史上这场保卫祖国的战争通称为“壬辰卫国战争”。

## 朝鲜历史各个时代

### 古朝鲜时代（公元前 11 世纪—前 108 年）

古朝鲜是对汉武帝设置汉四郡（前 108 年）以前，位于今朝鲜半岛北部的早期国家的称谓，主要指中国历史上记载的箕子朝鲜、卫满朝鲜两个前后相接的诸侯国、藩属国。

### 三国时代（公元前 57 年—668 年）

三国是指高句丽、百济、新罗。3 世纪时，三个国家发展成熟，形成三雄争霸的局面，三个国家不间断地进行战争。其间，他们之间的交流和贸易也在进行，与中国同时期的王朝也有多个领域的联系。国家的政治体系、宗教文化得到发展。

## 统一新罗时代（668 年—901 年）

660 年和 668 年，新罗联合唐朝分别灭掉百济和高句丽。不久，新罗与唐朝爆发战争，新罗获得平壤以南的朝鲜半岛，朝鲜半岛进入了统一新罗时代。新罗的统一促进了文化的发展，佛教也在这一时期得到最大的普及。900 年后百济建立，905 年泰封国建立，统一新罗时代结束，朝鲜进入后三国时代。

## 高丽王朝时代（918 年—1392 年）

高丽建于 918 年。中央设三省六部，地方设道、府、郡、县等。军事上实行府兵制，经济上实行田柴科制，文化上以佛教为国教，儒学也很兴盛。高丽前期农业生产得到发展，手工业比较发达。1392 年，李成桂废高丽恭让王而自立，建立朝鲜王朝，高丽王朝遂亡。

## 朝鲜王朝时代（1392 年—1910 年）

1392 年，李成桂取代高丽而建国。朝鲜王朝以儒教治国，儒家思想取代佛教成为国家统治理念。1443 年发明韩文字母。由于 1592 年日本的侵略，以及此后多次其他国家势力的侵略，朝鲜开始走向衰退。1897 年 10 月 12 日，朝鲜王朝的第 26 代国王李熙自称皇帝，改国号为“大韩帝国”。大韩帝国通常被认为是朝鲜王朝历史的一部分。

## 日本殖民时代（1910 年—1945 年）

1910 年，日本与大韩帝国签订《日韩合并条约》，吞并朝鲜。其间，日本政府对朝鲜实行殖民主义统治，不仅限制朝鲜民族资本主义发展，掠夺朝鲜的资源，还提出“日韩同祖”之说，并试图以此同化朝鲜人。二战时期，日本大量掠夺朝鲜劳动力、强征慰安妇。

## 日本武士的生存真相

645 年 6 月 12 日，日本飞鸟时代的中大兄皇子联合中臣镰足等革新派，发动了一次宫廷政变。在政变中，中大兄皇子精明敏锐，直接将大贵族奴隶主苏我入鹿等人杀了，并将苏我氏一族全部铲除。接着，他拥立轻皇子即位，也就是孝德天皇。孝德天皇也是一位明智的统治者，他改年号为“大化”，参照起源于日本本土的政治经济制度又吸收中国隋唐的政治经济制度，实施改革，史称“大化革新”。

大化革新使日本从奴隶社会过渡到了封建社会，农民能够从国家分得土地用于耕种，一定程度上减轻了农民的负担。然而，743 年，政府颁布荒田开发令，允许垦田永为私有。豪族、官僚、寺院凭借权势，役使奴婢和失地公民，大肆开荒垦地；同时霸占农民的垦田，不断扩大私有地。慢慢地，日本形成了拥有大片土地的庄园地主，那些失去土地的农民成了被剥削对象。

土地就是财富，庄园主拥有的土地越多就越富有。为了保住自己的庄园，庄园主需要雇佣一些人来照看，这些人叫作庄丁。庄园主认为这些庄丁整天吃喝玩乐，一旦遇到强盗或敌人来袭，难以保护庄园不受侵犯。因此，庄园主要求庄丁们开始进行训练，学习射箭、骑马、拳击等技能，变得更加强壮和有力。这些庄丁最终成了看家护院的武士，这也就是日本武士的由来。

后来，随着权力阶层的需求，武士的势力越来越大，日本全国形成了平氏和源氏两大武士集团，他们都想掌握国家政权。1185 年，源氏武士集团消灭平氏武士集团。1192 年，源氏集团首领源赖朝迫使京都朝廷授予其“征夷大将军”的最高称号。此后，日本进入幕府时代，时间长达近 700 年。

日本武士又称“侍者”，与西方骑士具有相同的社会地位和文化特征，他们有很强的尊严感，拥有独特的房屋、铠甲和徽章。可以说日本武士就是日本的骑士，但他们又不像欧洲的骑士，因为欧洲骑士骑着全副武装的马，手里拿着长矛或佩剑，而日本武士不一定有马。这不同的背后有一定的客观原因。

首先，日本国土面积小，适合养马的草原少，导致养马的成本很高，换句话说就是，养一个骑马的武士所消耗的成本足够养活数个普通武士。其次，日本四面环海，再加上长期与外界隔绝，东亚的马不容易流入。在这种情况下，只有高级武士才有养战马的财力。

古代日本武士的平均身高只有 165 厘米左右，目露凶光，头上捆着一圈白布，长发扎在脑后，或者是戴着沉重的盔帽。腰上别一把长刀和短刀，也有的武士身后背着弓箭。武士的长刀是用来进行大规模战斗的，而短刀是专门用于巷战搏斗和切腹自尽的。

除了男武士外，还有女武士，又称为“姬武士”，在日本也是比较常见的，是日本武士阶层中不可缺少的一部分。在上阵杀敌这一方面，女武士并不比男武士弱。

武士文学在日本也很流行，如标榜日本武士精神的《四十七义士》，其与欧洲的《罗兰之歌》和中国的《荆轲刺秦王》有着相似的故事情节。武士文学作品大都展现了日本武士道精神。

日本武士之间的战争也很像欧洲的骑士战争，双方都认为战斗不仅是蛮力的较量，更是智慧的较量。据传，在 11 世纪末的衣川之战中，东国的军队大败，首领安倍贞任仓皇而逃。得胜的源义家在后面紧追不舍，并大声喊道："你不敢面对自己的对手，就是个懦夫，赶快掉头直接面对我！"安倍贞任不忍羞辱，便调转马头。源义家看到安倍贞任身上的战袍，心生感慨，大声吟出"战袍经线已绽开"的诗句。话音刚落，安倍贞任便对上一句"经年线乱奈我何"。源义家听到后，把拉满的弓放下，转身走开，让对手逃走。有人问起时，源义家回答说："我不忍侮辱一位被敌人猛追时，内心还非常平静的强者。"

日本封建社会的等级相当复杂，皇室和贵族以下有四个等级：武士、农夫、工人和商人。武士如同牧羊犬一样，在日本社会中扮演着重要的角色。大名战争中，除了武士之外，还有等级相对较低的"足轻"。"足轻"是由难民组成的士兵，没有马匹和盔甲，因此得名。此外，在日本，僧兵曾一度显赫，忍者作为特种部队历史也很悠久。

相较于农民、足轻、僧兵等，武士的战斗力相当强悍。据传，在日本战国时代，武士宇喜多能家在一次战斗中仅率领 70 名骑马的武士，就打败了 7000 人的农民军。武士手中的长刀、高大的战马和威武的铠甲，无一不让平民百姓产生敬畏。

但随着枪炮时代的到来，以及其他原因，武士的优势荡然无存，武士阶层逐步走向没落，最终消失在历史长河中。

## 日本历史各个时代

### 弥生时代（公元前 3 世纪—公元 3 世纪）

标志是弥生陶器的出现。受中国文化的影响，开始种植水稻，使用各种金属器，如铜剑、铜矛等。此时，日本总称为“倭”，分为许多小国。

### 古坟时代（4 世纪—6 世纪初）

4 世纪中期，大和政权统一了割据的小国，大量中国的知识、技术传入日本。5 世纪，来自朝鲜半岛的外来人带来了铁器生产、制陶等技术，并且日本开始使用中国汉字。6 世纪，日本正式接受儒学，佛教也传入日本。

### 飞鸟时代（538 年—710 年）

以奈良南部的飞鸟地区为政治中心的时代。645 年，孝德天皇颁布《改新诏书》开始改革，史称“大化改新”。这一时期，日本派遣学生和僧人到中国学习政治、法律、文化及佛学知识。702 年，日本向唐朝政府告知国号为“日本”、君主为“天皇”。

### 奈良时代（710 年—794 年）

710 年，日本天皇迁都平城京（今奈良）。日本继续派出遣唐使，留学生阿倍仲麻吕（中文名晁衡）在唐朝任职。唐朝著名高僧鉴真和尚六渡日本失败，第七次终于成功。

### 平安时代（794 年—1192 年）

794 年，日本天皇迁都平安京（今京都）。894 年，派出最后一批遣唐使后，不再大量摄取中国文化。武士进入政界。日本创造了平假名和片假名，并诞生一批文艺作品，如《古今和歌集》《源氏物语》《枕草子》等。

### 镰仓时代（1192年—1333年）

12世纪末，源赖朝受封征夷大将军，并在镰仓建立了第一个幕府政权。在文化方面，摄取了宋朝传入日本的禅宗文化，形成了独特的武家文化。文学方面出现了以源平合战为背景的小说《平家物语》。

### 室町时代（1336年—1573年）

足利氏掌握政权，在京都的室町建立幕府政权。1467年，“应仁之乱”爆发，各地大名纷纷而起，室町幕府摇摇欲坠，日本进入战国时代。

## 明治维新：从闭关锁国到世界强国

大化改新使日本进入封建社会，在以后的近千年里，日本相继出现奈良时代、平安时代、镰仓时代、室町时代。1603年，德川家康成为日本新一代“掌门人”，在今天的东京建立德川（江户）幕府。

德川幕府并没给日本带来新气象，与同一时期的清朝政府一样，实行闭关锁国。大航海后，远航贸易广泛开展，日本显得捉襟见肘，他们在进口外来商品和出口国内商品的同时，担心西方传教士破坏本土文化。1633年—1639年，德川幕府接连颁布五道“锁国令”，从开始的单纯禁止传教发展成全方位闭关锁国。

幕府的闭关政策包括：除了允许与中国、荷兰、朝鲜进行贸易以外，其他国家的船只一律不准进入日本；禁止日本本国的人出国。更为过分的是，在国外的日本人不允许回国等。一旦违反规定，就会受到严厉的惩罚。

一系列极端政策下，日本基本上与外界隔绝。与此同时，清朝也采取基本相同的政策。无论是日本还是清朝，在统治者看来，闭关锁国可以抵御外来文化、物质等方面的入侵，有利于国家安全和封建统治。

尽管德川幕府的统治落后、腐败，但在闭关锁国的高压下，幕藩体制仍摇摇晃晃运行了两个世纪。

17 世纪后半叶，日本的商品经济快速发展，商人阶层迅速壮大，出现“大阪商人一怒，天下诸侯惊惧”的局面。商人们整天过着富裕的生活，中下层武士和普通百姓的日子过得一天比一天可怜，封建经济危机四伏。德川幕府明知道社会发展出现巨大问题，他们对此却束手无策。

1837 年，大阪爆发大盐平八郎领导的起义，把原本脆弱的封建经济搅得千疮百孔。尽管起义最终被镇压了，但社会矛盾已空前尖锐，幕府统治的末日已经不远。

1840 年，鸦片战争爆发，中国人还在疑惑洋人为什么跑那么远来打自己时，日本震惊了。一直以来，中国一直是日本崇拜的对象和学习的榜样，但是中国在欧美面前却快速跌下神坛。对此，一些日本有识之士意识到闭关锁国的危害，他们痛心疾首，寻求治国良方，并呼吁道：“鸦片战争虽然发生在中国，但我们一定要引以为鉴。”

当时，魏源的《海国图志》未能引起中国人的重视，在日本却备受推崇。正如梁启超感言："其书在今日，不过東阁覆瓿之价值。然日本之平象山、吉田松阴、西乡隆盛辈，皆为此书所激刺，间接以演尊攘维新之活剧。"可以说，《海国图志》为日本对未来的探索，在思想上作了指导。

1853 年，4 艘美国军舰来到日本，尘封已久的国门被黑漆漆的炮口击得粉碎，日本被迫开放通商港口，战战兢兢地迈出开国的第一步。

此后，外国列强们来到日本，如法炮制了一些类似的亲善条约。日本封建社会在资本主义坚船利炮的威慑下逐渐解体，处于半殖民地的水深火热中。在民族危机、内部矛盾双重作用下，一大批改革派武士挺身而出，代表人物如高杉晋作、大久保利通等，在未来的倒幕运动中扮演了主力军的角色。

为了将日本从半殖民地的水深火热中解救出来，日本改革派提出"尊王攘夷"的口号，希望与幕府合作，共同对付外敌入侵。然而，1858 年幕府突然行动，大肆搜捕、迫害"尊王攘夷"分子，制造出了著名的"安政大狱"。

面对惨痛的教训，日本的先进分子丢弃了"尊王攘夷"这一口号，开始将"倒幕开国"作为指导思想。

1866 年 7 月，幕府将军德川家茂病死，德川庆喜继位。1867 年初，一贯压制倒幕派的孝明天皇去世，15 岁的明治天皇继位。倒幕派就利用这一有利时机策划政变。1867 年 10 月，西南诸藩的军队向京都进逼，同时西乡隆盛、大久保利通在京都和主张"王政复古"的岩仓具视秘密策划用天皇的名义给长州、萨摩两藩颁发讨幕密诏。幕府将军见机不妙，先发制人，于 10 月 24 日主动提出"辞去"将军职务，归还大政。西乡隆盛、大久保利通等志士认为，不用武力推翻幕府，新政权无法稳定，主张继续讨幕。1868 年 1 月，倒幕派发动政变，废除幕府将军，随后组建起中央集权的以天皇为首的新政府。倒幕战争的胜利，宣告日本进入新的历史时期。

1868年4月，明治天皇发布《五条誓文》，表示要进行改革，发展资本主义。随后，天皇政府推行了一系列的改革，如废除藩制，把全国划分为三府七十二县，直属中央领导；废除封建关卡，鼓励工商；废除封建等级，允许土地自由买卖……这次改革以“富国强兵”“殖产兴业”和“文明开化”为目标，史称“明治维新”。

## 日本历史各个时代

### 战国时代（1467年—1568年）

“应仁之乱”后，日本进入分裂多战时期，战火纷飞，民不聊生。其间，织田信长立誓统一日本，并逐步统一了尾张、近畿地区。

### 安土桃山时代（1568年—1603年）

因织田信长修筑了气势宏大的安土城而得名。1582年，织田信长在本能寺之变中自杀。1590年，丰臣秀吉统一日本后，称为“桃山时代”。此期间，城郭、寺庙的建设十分发达。民间的各种陶艺、风俗画、染织等艺术也得到繁荣发展。

### 江户时代（1603年—1867年）

1603年，德川家康在江户（今东京）建立幕府政权。此后大约260年间，政权由德川家族掌握，这段时期被称为“江户时代”。1623年，德川家第三代将军德川家光下令锁国。文化方面，庶民文化是这个时期的特色。人偶净琉璃、歌舞伎、浮世绘等呈现繁荣景象。

### 明治时代（1868 年—1912 年）

1868 年，倒幕派发动“明治维新”，迫使德川家第 15 代将军德川庆喜交出政权，日本成立以天皇为中心的新政府，进入资本主义社会。1869 年，明治天皇迁都江户，将“江户”改名为“东京”。日本在这个时期实施“脱亚入欧”政策。1894 年中日甲午战争爆发，1895 年《中日马关条约》签署。

### 大正时代（1912 年—1926 年）

日本大正天皇在位期间。1923 年发生关东大地震。1914—1918 年，第一次世界大战中，日本和中国均参加了战争。一战后签订的《凡尔赛和约》中，将德国在中国山东的权益转让给了日本，这成为 1919 年中国五四运动爆发的导火索。

### 昭和时代（1926 年—1989 年）

昭和天皇在位期间。1931 年“九一八事变”爆发，日本侵占中国东北。1937 年 7 月 7 日的“卢沟桥事变”宣告日本发动全面侵华战争。1941 年，日本偷袭珍珠港，太平洋战争爆发。1945 年 8 月 15 日，日本宣布投降。1972 年 9 月，中国总理周恩来和日本首相田中角荣签署了《中日联合声明》，实现中日邦交正常化。1978 年 8 月，中日缔结《中日和平友好条约》，中日两国在经济、文化、体育等各方面开始广泛深入的交流。

## 大陆政策：一场日本精心设计的圈套

在明治维新之后的不到30年时间里，日本的综合实力迅速提高。随着国家财富的增加，那些有封建武士背景的改革派觉得脚下的土地已经无法满足大和民族的雄心。于是他们聚在一起，开始构思未来的计划。

首先，宣传效忠天皇高于生命，把国防军改为“皇军”。其次，利用“武士道”精神蛊惑民众，把穷兵黩武宣扬成光荣而神圣的使命。通过前期的铺垫，民众的积极性被调动起来了，他们开始鼓吹以武力“开拓万里波涛，布国威于四方”，为此还精心制定了“大陆政策”。这一政策的第一步是征服中国台湾，第二步是征服朝鲜，第三步是征服中国东北和内蒙古地区，第四步是征服中国内地，第五步是征服全球。其中，征服朝鲜是日本推行“大陆政策”的重要一环。

在历史上，日本曾多次攻打朝鲜，如果不是中国的保护，朝鲜的历史会出现各种可能，无论哪种可能，都不利于朝鲜的发展。自从鸦片战争以后，清朝政府自身难保，日本便趁机入侵朝鲜，于1876年强迫朝鲜签订了《江华条约》。从此，朝鲜沦为日本的半殖民地，人们的生活苦不堪言。

本国政府受日本控制，还与其一起欺压自己的国民，如果继续下去，朝鲜早晚会被并入日本的版图。1894年2月，朝鲜南部古阜郡爆发甲午农民起义，他们号召人民“逐灭洋倭”“尽灭权贵”，在全琫准的带领下，攻占郡衙，夺取武器，烧毁地契，惩办酷吏和地主。

全琫准 1854 年出生在古阜郡的一个知识分子家庭里。父亲在一次农民起义中被捕，死于酷刑。1890 年，全琫准加入东学道。东学道是庆州府的崔济愚在 1860 年创立的，倡导“东学”（东方之学）对抗“西学”，要求“惩办贪官污吏”“斥倭斥洋”，主张“人人平等”。1893 年，朝鲜发生灾荒，农业歉收，统治者对自己的子民毫不关心，反而变本加厉地折磨受苦受难的农民。在这种背景下，全琫准继承父亲的遗志，组织和领导了起义。

1893 年 4 月，全琫准领导起义军攻占战略要地白山后发表檄文，号召民众赶快行动起来，与他们一起打倒贪官污吏，驱逐侵略者。四周农村的农民、城市的贫民群起响应，起义军一下子扩大到 1 万多人。随后，起义军又连破数郡，直逼全罗道首府全州。5 月底，起义军一举攻占全州，朝鲜举国震动，各地人民纷纷响应，起义迅速扩展到忠清、庆尚、黄海等道。

朝鲜李氏王朝无力镇压起义，感到十分惊恐，并急忙向清朝政府求援。由于国内局势混乱，并且日本在一旁虎视眈眈，清朝政府不确定是否应该出兵。此时，日本站出来发表声明，鼓动清朝政府出兵朝鲜，帮助李氏王朝平息起义。日本还信誓旦旦地表示，中国出兵与日本国家利益无关，日本不会干涉。最终，清朝政府选择出兵，但却落入了日本设置的陷阱。

6 月，清朝政府派直隶提督叶志超任总指挥，率领约 2500 人在朝鲜牙山登陆。清军刚现身朝鲜，日本政府借口保护使馆和侨民，也向朝鲜大举派兵，并快速占领从仁川到首尔之间的各个战略要地。由于清朝和日本的介入，朝鲜的局势变得紧张起来。由于形势所迫，全琫准也与李氏王朝接触，并达成了十二条要求改革的协议，随后起义军撤出了全州。获知和议已经达成后，叶志超便命令部队停止前进，清朝军队也没有南下全州。然而，此时日本仍在继续增兵。

7月23日，日军偷袭汉城王宫，挟持王族，组成亲日傀儡政权。

1894年7月25日，日本不宣而战，在朝鲜丰岛海面袭击了增援叶志超的“济远”“广乙”两艘清朝军舰，并击沉清朝政府的运兵船“高升”号。自此，中日甲午战争爆发。

中日甲午战争仅打了半年多，最终北洋舰队全军覆灭，清朝被日本打得一败涂地。1895年，李鸿章与日本在马关签订了《马关条约》。中日甲午战争的失败以及《马关条约》的签订，进一步加深了中国的半殖民地化和民族危机，日本也由此攫取中国的台湾岛、澎湖列岛和巨额赔款，加快了军国主义的侵略步伐。

# 第九章

## 世界大战
## 人类史上的惊天浩劫

# 苏俄宁愿丧失土地，也要退出一战

1914 年 6 月，奥匈帝国把塞尔维亚作为假想敌，在波斯尼亚举行军事演习。28 日，奥匈帝国皇储斐迪南大公带着妻子访问萨拉热窝，引起了人们广泛关注。访问完以后，斐迪南大公夫妇乘坐敞篷车离开市政厅。在这个敏感时期，斐迪南大公夫妇的行为实在太过鲁莽，把自己的生命当儿戏。当车行至一个街口时，枪声响起，斐迪南夫妇双双丧命。

皇储是皇帝的接班人，塞尔维亚爱国者却把皇储刺杀了，奥匈帝国皇帝弗兰茨 · 约瑟夫一世十分愤怒。7 月 28 日，奥匈帝国向塞尔维亚宣战，第一次世界大战正式爆发。以俄、英、法为主的“协约国”和以德、奥、意的为核心的“同盟国”，开始在战场上交战。

大战爆发的第二天，沙皇尼古拉二世态度坚决、口气坚硬，向德皇威廉二世发去一份电报，表示“奥匈帝国对一个弱小国家发动战争，是件极其不光彩的事情”，同时质问道：“你要管好你的盟友，不要在错误的道路上走得太远。”

从电文的内容可以看出，尼古拉二世不希望战争爆发。但是，他的盟友英国似乎不希望战争停止，英国外交部长爱德华·格雷对法国总统普恩加莱说：“俄国地大物博，物产丰富，战争打得越长对德国越不利，将来胜利一定属于我们。”法国人与英国人认为协约国能否胜利，取决于俄国能否在东部战线上拖住德军。战争爆发后，法国陆军部参谋长第一时间来到俄国，鼓励他们振奋精神，希望俄国能够全力以赴地投入战争，与德国展开激烈对决。

德、俄两国在东线交火，俄国作为战斗民族，不负众望，取得一些胜利，攻入东普鲁士。德皇威廉二世没料到俄军这么勇猛，不得已临阵换帅，任命鲁登道夫与兴登堡为东线总指挥，联合抗击俄军。鲁登道夫是德国军队中一颗冉冉升起的军事明星，敢拼敢干敢啃硬骨头。兴登堡是位老将，经验老到，能力很强。这两人相互配合，使俄军吃了大亏，在坦能堡一战，俄军第二集团军几乎全军覆没，司令萨姆索诺夫也自杀了。1915 年，兴登堡和鲁登道夫发起全线进攻，导致俄军损失惨重。

在此次大战中，俄国在东线上承受了较大的压力，但英国和法国根本不在乎俄国面临的损失，他们只关心俄国能否与德军战斗，希望德国在东线投入更多的兵力，因为这样既能减轻西线的压力，还能削弱俄国的实力。这种情况下，“协约国”应该同等对待，英国和法国应该支持俄国，而不是利用战争来坑害盟国。

1916 年是同盟国和协约国都视为决战的一年，两大阵营在西线和东线都进行了几次大的战役。西线上，在法国的凡尔登，双方集中大兵团进行了长时间的争夺战，打得十分激烈。战场上树木被烧焦，山头被削平，德军倾全力进攻，法军也倾全力顽强守卫。凡尔登战役结束时，双方均死伤巨大，德军未能拿下凡尔登。凡尔登大战是第一次世界大战的转折点，从此德军开始衰败。东线上，为了支援西线的英法联军，俄军于6月至9月发起全线反攻。这次俄军大胜，俘虏了相当数量的同盟国士兵，给予德、奥以沉重打击。

正当协约国和同盟国在战场上打得难解难分之际，1917年俄国爆发“二月革命”，沙皇尼古拉二世被从皇帝宝座上赶了下来，取而代之的是一些政党联合起来组成的临时政府。克伦斯基任临时政府首脑，主张继续与“同盟国”开战。德国从俄国内乱中觉察到些许机会，他们允许流亡在外的弗拉基米尔·列宁过境德国，回到俄国。俄国组成的临时政府本来就是一盘散沙，再加上国内局势不明朗，战场上的俄军战斗力急剧下降，其中有一个集团军更是无心恋战，基本未作任何抵抗，就投降了德军。

德国在非常时期为什么允许列宁坐火车过境回到俄国呢？因为布尔什维克党反对对外战争，这是德国所希望的。1917年4月16日晚，列宁回到彼得格勒，成千上万的工人、士兵拥向车站欢迎自己的领袖。喀琅施塔得的水兵组成仪仗队，乐队高奏《马赛曲》。紧接着，列宁在布尔什维克党的会议上作了《论无产阶级在这次革命中的任务》的报告，即著名的《四月提纲》，改变了布尔什维克支持临时政府的政策。6月18日，彼得格勒50万群众上街示威，高呼：“打倒战争！”“全部政权归苏维埃！”11月7日晚9时45分，停泊在涅瓦河畔的“阿芙乐尔”号巡洋舰响起的隆隆炮声，划破了彼得格勒的夜空，起义军推翻了临时政府。这就是俄国的十月革命，苏维埃成功夺取了政权。随后，俄国苏维埃代表大会通过了《和平法令》，呼吁交战各国立即停止战争，以谈判的形式缔结和平条约。但是，以英、法为首的协约国根本不接受苏俄提出的和平倡议，苏俄政府只能与德国单独谈判。1918年3月3日，苏俄与德国签订了《布列斯特和约》，规定苏俄失去包括白俄罗斯、立陶宛等在内的100万平方千米的土地。伴随苏俄以土地换和平，第一次世界大战的东线战场，算是沉寂下来。

尽管《布列斯特和约》是一个不平等的条约，导致苏俄损失百万平方千米的土地，但它也使苏俄摆脱了战争，对新政权的巩固具有积极意义。苏俄退出了战场，第一次世界大战也并没有停止，后来由于美国参战，最终“协约国”战胜“同盟国”。1918年11月13日，“协约国”与德国签订停战协议后两天，苏俄政府宣布废除《布列斯特和约》。

## 20世纪上半叶国际大事

**1903年**　美国获权开凿巴拿马运河，并可以租界运河两岸租界区。

**1905年**　爱因斯坦创立狭义相对论。

**1907年**　德、奥两国在巴尔干的扩张威胁着俄国的利益。8月31日，英、俄签订协约，标志着英、法、俄三国协约形成。

**1910年8月**　第二国际在哥本哈根召开代表大会，通过决议把每年的3月8日定为国际劳动妇女节。

**1912年10月**　爆发第一次巴尔干战争。

**1913年6月**　爆发第二次巴尔干战争。

**1914年7月—1918年11月**　第一次世界大战。

**1919年9月**　印度爆发第一次非暴力不合作运动。

**1922年**　苏维埃社会主义共和国联盟成立。

## 德国闪击波兰，英法却上演“西线无战事”

1930年，在第三届奥斯卡电影节上，《西线无战事》荣获了两项奥斯卡奖。这部根据埃里奇·玛利亚·雷马克的同名小说改编的影片，从一个德国士兵的角度展现了第一次世界大战期间，德国青年对战争的认识。该片获奖后，德国当局很不高兴，禁止该影片在国内上映，封杀长达20年。

巧合的是，第二次世界大战爆发初期，从1939年9月至1940年4、5月间，确实出现了“西线无战事”的情况，不过现实版“西线无战事”与电影完全不是一回事。历史学上将二战初期的这段违反常规的战争场面称为“奇怪战争”，又称“假战争”“静坐战”。为什么会这样称呼呢？这还需从德国入侵波兰说起。

1939年9月1日凌晨，德军突然对波兰边境发动袭击，波兰士兵还没来得及拿起枪，就成了俘虏。一个月左右，德军就占领波兰全境。德军闪击波兰的第3天，即9月3日，英法两国便向德国口头宣战，但却没有立即采取行动，而是采取了“静坐战”策略，隔岸观火长达几个月的时间。随着德国迅速展开进攻，直接威胁到英法两国的利益，英法才意识到局势的严重性，最终与德军进入实战对射状态。

德国闪击波兰前夕，英法就分别与波兰结成了军事同盟，尤其是法国，还在条约中白纸黑字清楚写明：“一旦德国进攻波兰，法国从下达总动令开始后的第15天起，向德国发动攻势。”德国闪击波兰后，英国向法国派出的部队少得可怜。直到10月11日，波兰战事结束3个星期后，英国才派4个师，约15800人到法国，丘吉尔称之为“象征性的帮助”。后来，那些战时的德国将领们在纽伦堡法庭追溯往事的时候，一致认为，波兰战役期间英法盟国没有在西线发动进攻，的确是错过了千载难逢的良机。那么，英法两国当时为什么会采取那样的战争策略呢？

长期以来，人们对“奇怪战争”发生的原因一直都存在争议。很多人认为，它实际上是英法战前慕尼黑绥靖政策的继续。有人甚至认为，它实际上是英法企图联合德国进攻苏联，建立反苏“联合阵线”的政治方针。但也有人认为事情并非那么简单，那是英法两国从“战前妥协绥靖”的对德政策走向“全面武装抗争”所必须经历的“过渡阶段”。

英法为什么会不遵守承诺呢？具体说来有很多方面的原因。对法国而言，首先，法国在第一次世界大战中伤亡惨重，对战争产生了恐惧心理；其次，法国最高统帅部、政府和人民当中都存在着浓重的失败主义情绪；最后，德国凌厉的攻势和波兰的迅速沦陷使法国人丧失自信，并对德国的武器和空中优势感到恐惧。而在英国，首相张伯伦一直对希特勒所谓的和平谎言抱有幻想。1938年3月，张伯伦就拒绝了苏联关于英、法、苏举行三国会议，讨论如何履行苏捷、苏法条约，共同对付德国的建议。4月张伯伦与法国总理达拉商谈向德国屈服，并明确告诉达拉，英国不会为捷克作战。

1938 年 9 月 18 日，英法两国在伦敦经过一番秘密的策划，炮制了一项出卖捷克的计划：凡是苏台德区日耳曼居民占 50% 以上的全部领土，都直接转让给德意志帝国。张伯伦在会谈后接受记者采访时说：“无论英国还是法国，都不会出兵援助，捷克斯洛伐克不能按照目前的样子存在下去，为了和平，英国赞同苏台德区‘自治’。”

事实上，在以后分析英国对德波战争期间的立场时，英国工党、著名活动家休道尔顿也说：“我们把波兰出卖了，把他们置于死地，一点也没有帮助他们。”波兰的军事代表团曾在英国对德宣战的同一天到达伦敦，等候英国总参谋长的接见，但让人大跌眼镜的是，英国竟然把波兰代表团晾在一旁长达一周的时间。宝贵的一周，英国就这样白白浪费，德军却抓住机会采取行动攻占了波兰。更让人可气的是，在波兰已经被德国占领的情况下，英国总参谋部冷冰冰地表示，英国没有任何援助波兰的计划。

英法“静坐战”给希特勒赢得了时间，他充分利用这约 7 个月的时间，赶制出 4000 余架飞机，新增加 146 个师。当希特勒把炮口对准英法时，英法才猛然惊醒，但为时已晚。1940 年 5 月 10 日，德国的铁蹄首先踏向法国。6 月，法国投降。8 月 1 日，希特勒下达“关于对英国进行空中和海上战争”

的第 17 号令。最终，绥靖政策使英法两国搬起石头砸了自己的脚。

反对绥靖政策说的人则认为，9 月 3 日英法对德宣战，就标志着绥靖政策的基本终结，它是英法抗德的起点。在德波战争期间之所以会出现“西线无战事”的局面，是英法两国比较了自己与德国在军事力量、人力、物力、财力等方面的情况后采取的战争策略。战争初期，军事力量方面，德军明显优于英法联军。当时英国刚刚实行了新的征兵制度，难有足够的军队派往波兰。此外，虽然英国拥有当时最强大的海军力量，但大多数船只都在海外，负责守卫殖民地，护卫英国的商船。法国虽然号称拥有欧洲最强大的陆军，但他们陆军的装备极其低劣，根本无法与武器精良的德国军队抗衡。

历史的真相究竟如何？“奇怪战争”是否奇怪？相信只要没有定论，争论就一直会进行下去，人们也期待着真相早日大白于天下。

## 20世纪上半叶国际大事

| | |
|---|---|
| 1923年11月8日 | 希特勒率领纳粹党徒在慕尼黑一家啤酒店发动暴动。 |
| 1933年 | 希特勒出任德国总理。 |
| 1924年1月21日 | 列宁逝世。 |
| 1931年9月18日 | 日本在中国东北发动“九一八事变”。 |
| 1933年3月4日 | 富兰克林·罗斯福就任美国第32任总统。 |
| 1937年7月7日 | 日本侵略军发动“七七事变”，即卢沟桥事变。 |
| 1939年8月23日 | 德国和苏联签订《德苏互不侵犯条约》。 |
| 1939年9月1日 | 德军进攻波兰，第二次世界大战全面爆发。 |

## 希特勒帮扶的“兄弟”，为啥没有卷入二战

1936年，西班牙的弗兰西斯科·佛朗哥带领长枪党在国内发动武装叛乱。仅凭一个党派的力量，想推翻一个政权，难度可想而知。佛朗哥有两个好兄弟，一个叫希特勒，一个叫墨索里尼。在这两个法西斯首领的支持下，佛朗哥仅用一年多的时间，就在西班牙建立了独裁政权。

紧接着，德国闪击波兰，第二次世界大战爆发。希特勒、墨索里尼在关键时刻帮了佛朗哥，按说佛朗哥应该支持西班牙加入法西斯阵营，与“恩人”一起共赴疆场，然而出乎所有人意料的是，佛朗哥没有与法西斯站在同一战线，而是选择保持中立。

如此关键的时刻，佛朗哥为什么要保持中立？是佛朗哥料事如神，预料到法西斯会输掉这场战争？还是热爱和平，不希望生灵涂炭？其实都不是，西班牙保持中立，主要原因在于当时的形势不允许它倒向两大敌对阵营的任何一方。

那时，佛朗哥心里比谁都明白，西班牙国家工业原料极度匮乏，生活用品异常短缺；共和派、君主派等左翼势力，都对自己的统治构成威胁。这种情况下，保持国内不混乱，平稳发展经济，是他的当务之急。如果仅凭义气，将西班牙与德国、意大利等捆绑在一起，自己的统治极有可能被推翻。同时，佛朗哥认为，英国的实力虽大不如从前，但它是老牌资本主义国家，殖民地遍布世界各个角落。希特勒尽管打了一些胜仗，仍没有绝对击败英国的实力。

倘若西班牙加入轴心国，那么英国将直接封锁直布罗陀海峡，这就等于死死掐住了西班牙的“喉咙”，西班牙本来就脆弱的经济，将会遭到致命的打击。倘若参加同盟国，自己就成了忘恩负义的“小人”，希特勒和墨索里尼会用怒火把自己喷死。如果选择战略平衡，隔岸观火，那就谁也不得罪，既保全自己，还能从中赚取利益。

事实证明，佛朗哥的想法是正确的。交战双方的两大阵营，都想拉拢西班牙入伙。同盟国方面，1940 年 3 月，英国想通过诚意感化西班牙，向它提供 200 万英镑的低息贷款，还允许它从同盟国进口某些禁运的工业原料。除此之外，英国看到西班牙国内粮食短缺，还主动从阿根廷运送一批粮食送给西班牙。美国也不甘落后，在 1941 年初以红十字会的名义，向西班牙援助了价值 150 万美元的药物和食品。同时，美国还放松了对西班牙的石油输出。

与同盟国相比，德国和意大利的支持显得更为慷慨。佛朗哥刚建立独裁政权时，这两个国家就伸出援助之手，帮助他解决后顾之忧。西班牙欠意大利的债务曾高达 70 亿里拉，1940 年 5 月意大利给西班牙减负，把原先的债务直接减免 20 亿里拉。德国尽管在货币支持上远不如意大利，但源源不断地给西班牙输送军火、机械和精密武器，并且希特勒还向佛朗哥做出承诺，战争成功之日，会把直布罗陀海峡送给他。

正是交战双方为了各自的利益而拉拢西班牙，佛朗哥看到了自身的价值所在，也就没有加入其中任何一方。他在二者之间打“太极”，且交战双方谁也不敢催得紧、逼得急，生怕他投入另一方阵营的怀抱。就这样，佛朗哥左右逢源，当欧洲大地大部分受战火的蹂躏时，西班牙却成了一块世外桃源。

置身战火之外，佛朗哥将西班牙与两大军事集团的关系处理得还挺好，西班牙在国际贸易上轻而易举地获得一张黄金通行证，既与法西斯轴心国做生意，也把产品卖给盟国。二战初期，西班牙就不断向德国和意大利输出粮食以及附加产品。由于境内矿产资源丰富，西班牙通过矿石贸易获得巨额利润，比如仅钨砂一项，二战期间价格就翻至战前的200多倍，使西班牙获利颇丰。

西班牙虽然既没有加入同盟国阵营，也没有加入协约阵营，但在德国出兵苏联时出了一些力。这是因为西班牙内战期间，苏联支持反对派，在佛朗哥上台后，苏联也没有及时调整外交政策，依然与它所支持的党派保持密切联系。在佛朗哥看来，西班牙国内不能进行相互敌对，如果自己内部打了起来，只能是两败俱伤，从而使苏联坐收渔翁之利。因此，西班牙的敌人不是欧洲其他国家，而是苏联。

1941年德军大举进攻苏联时，西班牙因势而动，派出“蓝色师团”，跟随德军一起作战。为了师出有名，不让外界产生误会，佛朗哥格外强调，西班牙军队无意帮助法西斯作战，更不愿与同盟国为敌，之所以选择出兵，真实意图是为了打击苏联。

## 奥斯维辛集中营，曾经存在过的人间炼狱

1939年9月，德国侵占波兰，大批政治犯和俘虏被抓并亟待安置，将他们运回德国国内耗时费力，并且万一德国国内反对第三帝国的组织与这些人取得联系，在“后院放一把火”，将有失德国的颜面。放了他们，也不符合

纳粹的个性。

德国的一帮头头脑脑对此进行了商讨，最终决定在波兰建立集中营，把这些政治犯和俘虏统一关押在一起，这样既免除了后顾之忧，还能节省德国本土资源。于是，纳粹开始在波兰多地进行选址，最后选中了波兰南部距离克拉科夫仅有 60 千米处的奥斯维辛。

奥斯维辛地势开阔，有铁路和公路网，交通便利。德国党卫军领袖海因里希·希姆莱对这个地址非常满意，责成警察局高级指挥机关的教官阿尔帕德·维甘德设计集中营，鲁道夫·胡斯任集中营最高长官，负责管理所有事务。

1940 年 4 月 27 日，奥斯维辛集中营破土动工。不到两个月时间，建成 20 座建筑物，其中平房 14 座，两层的楼房 6 座，这就是一号营区，除关押犯人外，集中营的行政管理中心也设置在这里。

1940 年 6 月 14 日，700 多名波兰囚犯和德国政治犯成为集中营首批关押者。以后，大量囚犯被源源不断运来。到 1941 年 3 月，希姆莱视察奥斯维辛集中营时，一号营区关押 1.09 万人，这还不包括中途被杀害的知识分子、战俘等。希姆莱在视察时发现了问题，对胡斯做出指示，这里是关押犯人的地方，在这里处决犯人，会给其他犯人造成心理负担，不利于日常管理。胡斯立即明白了希姆莱的意图。当年 10 月，奥斯维辛集中营第二营区比克瑙集中营开工建设，这座营区是处决场所，又被称为“比克瑙灭绝营”。此后，纳粹又建立了三号营区莫诺维茨集中营。1942 年—1944 年间，纳粹又相继在当地的冶炼厂、矿山和工厂区修建了数十座分营，以让囚犯在其中劳动，为纳粹提供免费的劳动力。

第二次世界大战结束时，纳粹德国在奥斯维辛地区修建的集中营占地面积达 40 平方千米。除了奥斯维辛一号营区、比克瑙二号营区、莫洛维茨三号营区外，还有数十座分营，分别分布在波兰南部的西里西亚地区。

比克瑙集中营比奥斯维辛主营大好几倍，有一条专用铁路纵贯整个集中营，集中营的最北端，也就是铁路的尽头，有两座配备有毒气室的焚尸炉。这样的杀人装置，在比克瑙集中营共有 4 个。

从欧洲各个国家抓来的囚犯被运送到集中营后，纳粹会对他们经过初步筛选。对于有价值的囚犯，纳粹会把他们的头发剃光，并让他们换上破旧的囚衣。囚犯的左臂上都有一个编号，还有一块三角布：红色代表政治犯、黄色代表犹太人、黑色代表拒绝劳动的人……而大部分的犹太人、妇人、儿童或是被判断为没有价值的人，会被直接送往刑场或毒气室杀害。

毒气室的外面没有任何特殊之处，那里有修剪得非常平整的草坪，周围还盛开着鲜花。毒气室入口处挂着一个牌子，上面写着“浴室”。毒气室运作时，音响放着优美的轻音乐，囚犯们在纳粹管理人员的驱赶下鱼贯而入，刚开始时他们还以为被带到这里来，是帮他们消除身上的虱子。当他们进入“淋浴间”，才发现这完全是一个骗局，再想出来，已经没有任何机会。厚重的大门关上后，囚犯像成群的沙丁鱼一样，挤在“淋浴间”内。纳粹分子打开房顶上的通气孔，将紫蓝色的毒药倒进去，再把通气孔密封住。就这样，成千上万的人被无情屠杀，他们没有犯下任何罪行，没有参加任何政治活动或党派，被杀害的理由就是他们的民族、出身……

今天，波兰的奥斯维辛集中营被建成了博物馆，向前来参观的人控诉着德国法西斯当年犯下的累累罪行。

## 儿子被德军俘虏，斯大林拒绝营救

1941 年 6 月 22 日，希特勒下令向苏联发动全线战争袭击。对苏联红军来说，这是一次意想不到的突袭。20 个月前，德国和苏联曾在波兰共享瓜分波兰的喜悦，但如今，那些曾经与苏联红军热烈握手的德国士兵，却拿着武器攻向了苏联。

战争开始 20 多天后，苏联第 14 坦克师就像一团残叶，被德军的猛烈攻势摧毁殆尽。中尉军官雅科夫・朱加什维利——斯大林的儿子，和许多苏军人员一样，成为德军的俘虏。

1942 年 7 月 17 日—1943 年 2 月 2 日，斯大林格勒战役中，苏军俘虏了纳粹德国第 6 集团军司令保卢斯。希特勒对保卢斯不放弃、不抛弃，通过中间人给斯大林传递信息，希望苏联方面释放保卢斯。作为交换条件，德国方面愿意释放雅科夫。此时，雅科夫已经被德国俘虏半年之久。

一方是纳粹德第 6 集团军的高级将领，一方是最高统帅的儿子，双方身份对等。就私人情感而言，雅科夫是自己的亲生骨肉，斯大林更希望儿子能平安回国。机会就摆在眼前，还是德国主动提出来的，只要斯大林同意，双方皆大欢喜，相信换作其他父亲都不会拒绝。然而，斯大林的回答让希特勒失望了。斯大林通过中立国的红十字转告希特勒，“我不喜欢用一名将军交换一名士兵。”言外之意，雅科夫不是以斯大林儿子的身份出现在战场上，他的身份是一名普通的中尉，中尉换将军，级别不对等，苏联不同意。这就是斯大林，关键时刻宁可牺牲个人利益，也不让国家利益受损。同时，斯大林比谁都清楚，他将永远失去这个儿子，而在国内却能赢得人民的敬佩，增强人民的凝聚力，为最终打败法西斯奠定基础。

雅科夫虽是一个小小的炮兵中尉，价值却很大。德国俘虏他后，利用他是斯大林儿子的这一特殊身份大做文章，其中就包括伪造雅科夫的“亲笔信”，印刷后在苏军前线大量散发。宣传材料中除印有雅科夫与德国军官的谈话照片外，还写道：“我在军中的名声想必大家都知道，现在我已经投降了，你们抵抗还有什么意义呢？”还有一封是雅科夫“写给父亲的信”，称自己在这里待遇很好，没有被德国为难，希望父亲不要与德国对抗。总之，德国意图拿雅科夫大做文章，希望借此瓦解苏联军心，逼迫斯大林屈服。

雅科夫配合德国做过宣传吗？其实是没有的，雅科夫并没有丢掉一名军人的刚性。但是，作为战俘，尤其一名身份特殊的战俘，雅科夫的精神压力要比其他人大得多。他非常清楚，只要自己还活在敌人的手里，对方就会拿自己做筹码要挟父亲和战友们。因此，他在特殊的心理状态下，常常产生超出常人的恐惧和痛苦。

雅科夫被俘后，德国如获至宝，德国的国民教育和宣传部部长戈培尔为他量身订做了一套策反方案。但雅科夫意志坚定，德国展开的各种利诱和威逼在他面前都起不到任何作用。随后，德国不再抱有策反雅科夫的幻想，把他押进条件恶劣的集中营。雅科夫在饥饿难当的俘虏中间，目睹了濒临死亡的人们的那种绝望，他深受感染，对前途不再有一点幻想，想饿死自己，但想到自己的国家和亲人，又坚定了活着的信心与理由。当听到父亲不同意战俘交换的消息后，雅科夫精神受到严重的打击，彻底放弃了生的希望。

雅科夫不会知道的是，斯大林时刻为儿子的生命安全而担忧，为此他发出特别指令，要求有关部门进行营救，可惜的是，两次都没成功。

雅科夫关押的集中营，还有许多英国军人和苏联军人，两者关系很僵。苏联军人常指责英国军人不分敌我，对纳粹德国的看守彬彬有礼；英国军人则反唇相讥，说苏联军人缺乏教养，还与德国一起侵略波兰。苏联军人再据理力争，说他们出卖波兰在前。

同处囹圄中，盟友恶语相向，雅科夫每每看到这种情形，想上前劝说，而对未来的绝望却使他失去了走过去的动力。1943 年 4 月的一天，一名看守把有关苏军屠杀波兰军民的报道拿了给雅科夫看，雅科夫脑中对正义的信念彻底崩溃。作为苏联最高统帅的儿子，父亲下令屠杀，成为压垮雅科夫的最后一根稻草。

雅科夫把内心的所有愤怒都爆发在了一个英国军人身上，与对方打了一架之后，他冲出集中营，疯狂地向前方跑去，扑向了集中营边缘的电网。伴随着火花闪烁，哨兵的枪也响了。后来，历史学家认为，哨兵打中了雅科夫的尸体，而不是雅科夫中枪后倒在电网上。

雅科夫死了，没有留下只言片语，包括对自己的父亲及其他亲人。

## 战术上胜利，战略上失败：偷袭珍珠港

日本在亚太地区的扩张使美日矛盾迅速激化，1940 年春夏之际，纳粹德国以“闪电战”横扫西欧，英军退守英伦三岛，日本军方的“南进”派认为这是日本占领太平洋诸岛，攫取战略资源的大好时机。日本决定在美国准备就绪之前，发动突然袭击，取得战争的主动权，袭击的目标就选定了位于夏威夷群岛的美国太平洋舰队基地珍珠港。

珍珠港距日本约 3500 多海里，距美国本土约 2000 海里，是美国太平洋舰队最重要的基地。日本联合舰队司令官山本五十六认为，美国太平洋舰队在珍珠港的主力对日本“南进”计划威胁最大，只有消灭了美国太平洋舰队，才可以放心大胆地南进。为了去掉后顾之忧，1941 年 2 月，山本五十六制定了一个偷袭珍珠港的“Z 作战行动”。

“Z 作战行动”是个风险极大的计划，其成功完全有赖于两个靠不住的假设：一是在袭击时，美国太平洋舰队正好停泊在珍珠港内；二是一支大型的航母舰队在渡过半个太平洋时不被发现。胜算的概率很小，只有赌徒才会去冒这个险。可山本五十六恰恰是赌博高手，他决心要大赌一场：“要么大获全胜，要么输个精光。假如我们袭击珍珠港失败了，这仗就干脆不打了。”

山本五十六的“Z 作战行动”一出台就受到日本海军界的质疑，以海军

中将南云忠一为代表的许多将领反对这个靠不住的计划，但山本以辞职相要挟。日本军界为了贯彻“南进”政策，最终批准了这个计划。于是山本五十六选择了与珍珠港相似的鹿儿岛湾，在那里开始了充分的准备和严格的模拟训练。

1941年11月17日，代号为“机动部队”的特混舰队在千岛群岛南端的择捉岛集结，这是一支庞大的舰队，包括6艘航空母舰、2艘战列舰、3艘巡洋舰和9艘驱逐舰，还有一些辅助舰船。11月24日，根据山本五十六的指令，参战舰船集结完毕并做好远航的最后准备。11月26日清晨6时，这支由日本海军中将南云忠一指挥的特混舰队起锚出港，由3艘潜艇为先导，悄悄地航行在波涛汹涌的北太平洋，向夏威夷群岛进发。

这支特混舰队沿着预定的航线向夏威夷迂回前进，以避开美国的巡逻飞机和过往的商船。航行途中，整个舰队一直保持着无线电静默，只收不发。按计划，如果舰队在航行的过程中被发现，就立即取消这次作战行动。南云忠一的这次航行顺利得出人意料，似乎老天也在帮他的忙，连日来海面上浓云密布，如同一个天然的帷幕将庞大舰队的行动遮蔽了起来。

夏威夷时间12月7日凌晨，日本特混舰队到达了珍珠港以北约200海里处，南云忠一这时才把“Z作战行动”向全体官兵传达，随即全员做好了战斗准备。航空母舰开始转变航向，朝北逆风行驶，南云忠一的旗舰“赤城”号上升起了“Z”字旗，担任第一波攻击任务的183架飞机全部飞离甲板，在渊田美津雄的率领下扑向珍珠港。

这天正是星期日，太阳尚未升起，珍珠港中大部分美军士兵都还处于休息状态。在雷达站值班的两名雷达兵在雷达屏幕上发现有一大群飞机从北方向基地接近后，赶紧联络基地的防空中心，但在报告中他们并没有说明这个机群的规模，防空中心值班的泰勒中尉回答说，他们看到的应该是从美国加州飞来的 B–17 轰炸机编队。由于当时的美国正处在和平状态中，根本没有人想到会受到攻击，珍珠港美国海军的防空预警线就这样轻易被日军突破了。

7 时 55 分，当第一拨日本飞机飞临珍珠港上空时，只见下面整齐地排列着美军的水面舰船和作战飞机，但当天偷袭的主要目标是美国太平洋舰队的 3 艘航空母舰及 23 艘其他军舰，而其不在珍珠港内。日本飞机开始了攻击，由于美军还处于惊愕状态，几乎没有什么反击能力，日军机得以畅通无阻地分别执行自己的任务。

对日本的“零”式战斗机来说，他们的任务是摧毁美军的战斗机以保护自己的轰炸机，但因为空中没有美军的飞机，“零”式战斗机也转而加入了攻击地面机场的行动。8 时 54 分，日军第二拨攻击机群再次出现在珍珠港上空。

在日机第一波攻击开始的最初几分钟内，珍珠港基地中几乎没人意识到发生了什么事情，惊慌失措的美军混乱不堪，由于是星期天，大部分官兵都不在自己的战斗岗位，岛上的高射炮直到 5 分钟后才开始零星射击，只有 4 架飞机起飞还击。随着日军第二波攻击——171 架飞机的再次攻击，仓促应战的美军损失惨重。这时从美国本土飞来的 B–17 轰炸机编队正好抵达珍珠港，由于长途飞行后油料不足，结果纷纷被击落。

日本第二波攻击开始后，美国国务卿赫尔才接到日本野村大使向他递交的一份最后通牒，这份最后通牒原定是要在开战前半小时递交的，为的是避免“不宣而战”的恶名，然而鬼使神差，这份至关重要的最后通牒却迟到了一个半小时，使名正言顺的宣战变成了卑鄙无耻的偷袭。美国国务卿赫尔在接到这份最后通牒时愤怒地说：“在我整整 50 年的公职生涯中，从未见过这样一份充满卑鄙谎言的文件。”日本野村大使无言以对，狼狈退出门去。

正是由于在递交正式宣战文件之前日本就发动了进攻，激起了美国举国上下无比的愤慨，山本五十六在接到胜利的电文后，丝毫没有获胜的喜悦，只是对前来祝贺的部属淡淡地说："我们只不过唤醒了一个沉睡的巨人。"

珍珠港空袭持续了2个小时，日军获得了决定性胜利。击毁击伤美主要舰只20余艘、飞机260多架，美军伤亡3400余人，美太平洋航队遭到惨重损失，主力几乎全被摧毁。

上午10时，完成了袭击任务的日本飞机全部返回了母舰，渊田美津雄要求南云忠一发起第三波攻击，以摧毁珍珠港的船坞和油库，这两处对美军重建珍珠港基地极为重要，但南云忠一没有同意，他认为此战的基本目的已经达到，此时美国的航母还不知在何处，迟则生变，于是下令特混舰队返航。在美国人还在目瞪口呆之时，日本舰队迅速溜走了。

日本海军特混舰队长途奔袭，以360架飞机、55艘军舰偷袭了美军太平洋舰队基地珍珠港，给美国海军太平洋舰队以毁灭性的打击。这一事件震惊了整个美国，第二天美国总统罗斯福向国会发表了极为重要的讲话。他要求国会宣布，自1941年12月7日星期日日本发动无端的、卑鄙的进攻时起，美国与日本之间已处于战争状态。

从战术上看，日本对珍珠港的攻击行动无疑是成功的，因为此后的6个月中，美国海军在太平洋战场上无足轻重，日本海军得以在东南亚地区为所欲为。然而在战略上，却是日本的一个极大失败，其直接结果就是将实力雄厚的美国卷入了第二次世界大战，大大加速了轴心国集团的覆灭。

## “复仇天火”：杜立特空袭

1942 年 4 月 18 日，日本东京正在进行一场防空演习，忽然有几架飞机出现在演习的上空，市民们万万没有想到，那是真正的美国轰炸机！当一连串的炸弹从天而降，在城市中炸响时，东京的防空部队尚未从惊愕中缓过神来。在日本人心中，凭着皇军在亚太地区首屈一指的海空军力量，不可能有任何一个敌对国家能对日本本土发动攻击，这突如其来的轰炸，让整个日本都为之一震。

自珍珠港事件后，罗斯福一直敦促美军寻找轰炸东京的办法，太平洋战场的一片溃败，这种需求就更加迫切，他急需用这种办法来报复日本和振奋士气。海军参谋部想出一个方案：从一艘航母上出动陆基轰炸机进行轰炸。航空母舰可以将飞机载到靠近日本海，但中型轰炸机无法在航母上降落，完成轰炸任务的飞机要飞往中国大陆。

陆军的飞机是双引擎的，航程远远大于海军的单引擎飞机，这样就可以保证美军的航母待在安全区域。让陆军的飞机在航空母舰上起降，这是从未遇到过的难题。因为这需要改装飞机、重新训练飞行员，但美国太平洋舰队总司令尼米兹批准了这个作战方案。

这个计划选中了 B–25 轰炸机和最新服役的航母“大黄蜂”号，并由当年的飞行速度世界纪录保持者詹姆斯·杜立特中校领导完成，所以又称“杜立特空袭”。为此对 B-25 轰炸机进行了改装，拆掉了一切不必要的设备，增大了油箱。

4 月 2 日，“大黄蜂”号在 6 艘舰只的护航下，载着 16 架 B-25 轰炸机，劈波斩浪，在阴沉的海面上向着日本九州海岸以西 400 英里的海域进发。当队员们得知了这次任务的目标后，全体欢声雷动。4 月 17 日下午，这支特遣舰队离起飞点只有 24 小时的路程，仍未被敌人发现，“大黄蜂”号上的甲板人员对 B-25 轰炸机做了最后检查，每架飞机携带 4 枚 600 磅的炸弹，炸弹上写着：“我们不想燃烧世界，只想燃烧东京。”

4 月 18 日上午 8 时，“大黄蜂”号调头迎风，杜立特握了一下舰长米切尔上校的手，然后对他的同伴喊道：“伙计们，一起出发吧！”16 架 B-25 轰炸机从“大黄蜂”号航空母舰上腾空而起，向日本列岛飞去。

尼米兹本来以为这是一次能和偷袭珍珠港相媲美的突袭行动，但是在距离日本列岛 660 海里的海域，一艘装载有无线电装置的日本渔船发现了这些 B-25 轰炸机，并向东京发布了无线电预警，美军驱逐舰迅速赶到，炸沉了这艘泄密的渔船，但秘密已经泄露了。还好目标在即，保密已经不再重要。

抵达日本列岛上空时，只有 2 架轰炸机还能找到预定的飞行路径，另外 14 架全部迷航了，指挥官只好命令他们尽量飞到日本上空，找个目标把炸弹扔下去算了。就这样，16 架远道而来的轰炸机毫无秩序地从不同方向进入日本领空，然后胡乱地投弹。美军飞机接二连三的出现和混乱不堪的轰炸，却意外成了出色的战术，因为日军无法判断这些飞机从哪里来、还有多少、接下来到哪里去。空军想升空拦截，都不知道向何处去拦。

很快，东京电台广播说，轰炸造成了 3000 人死亡，但是日本军方迅速更正了广播，他们修正说，有 9 架美军飞机被击落，胆小怕死的敌机只是在郊区胡乱轰炸，重要的军事单位毫发无损。

日本军方的说法并不是事实，虽然日军的高射炮发挥了作用，但是这16架飞机依然把炸弹全部扔到了日本的国土上，随后都安全离开了日本领空。其中1架受伤飞往海参崴，被苏联扣留，其余15架飞机均飞往中国湖南株洲机场。由于缺油，飞机并没有到达目的地，15架飞机散落在中国浙江和江苏。美机空袭日本的消息轰动了整个世界，给日本军国主义者当头一棒，75名机组人员中，3人在飞机迫降时遇难，8人在日本占领区跳伞，被日本俘虏。杜立特的降落伞落在农田里，被中国农民救起，他与其余63名机组人员均被中国军民护送到后方。

“杜立特空袭”是一次并不成功的空袭，其象征意义远远大于轰炸效果。这次空袭一扫美国人民内心的阴霾，同时，大大震动了日本朝野，使日本认识到本土再也不是歌舞升平的乐土了。